L'évaluation en cours d'apprentissage

Anne Davies, Ph.D.

Adaptation

Jacques Ferguson
Claudette Laurie
France Nicolas

Traduction

Michel Arsenault

**Chenelière
Éducation**

L'évaluation en cours d'apprentissage

Traduction de : *Making Classroom Assessment Work, 2e édition*
de Anne Davies © 2007 Connections Publishing Inc.
(ISBN 978-0-9783193-2-8)

© 2008 Les Éditions de la Chenelière inc.

Édition : Marie-Hélène Ferland
Coordination : Nadine Fortier
Révision linguistique : Sylvie Bernard
Correction d'épreuves : Isabelle Michelle Roy
Conception graphique et infographie : Louise Besner
Adaptation de la couverture originale : Josée Brunelle
Impression : Imprimeries Transcontinental

Illustration de la couverture : Ken Chong

Catalogage avant publication
de Bibliothèque et Archives nationales du Québec
et Bibliothèque et Archives Canada

Davies, Anne, 1955-

L'évaluation en cours d'apprentissage

Traduction de la 2e éd. de : Making classroom assessment work.

ISBN 978-2-7650-1800-1

1. Tests et mesures en éducation.   2. Évaluation formative.
3. Apprentissage – Évaluation.   I. Ferguson, Jacques.   II. Titre.

LB3051.D3814 2007   371.26   C2007-941976-3

Chenelière Éducation

7001, boul. Saint-Laurent
Montréal (Québec)
Canada H2S 3E3
Téléphone : 514 273-1066
Télécopieur : 514 276-0324
info@cheneliere.ca

ISBN 978-2-7650-1800-1

Dépôt légal : 1er trimestre 2008
Bibliothèque et Archives nationales du Québec
Bibliothèque et Archives Canada

Imprimé au Canada

3 4 5 6 7 ITM 14 13 12 11 10

Nous reconnaissons l'aide financière du gouvernement du Canada par l'entremise du Programme d'aide au développement de l'industrie de l'édition (PADIÉ) pour nos activités d'édition.

Gouvernement du Québec – Programme de crédit d'impôt pour l'édition de livres – Gestion SODEC.

Sources des photos

p. 1 : Juriah Mosin/Shutterstock ;
p. 13 et 75 : Bonnie Jacobs/iStockphoto ;
p. 21 : iStockphoto ;
p. 28 : Paul Kline/iStockphoto ;
p. 39 : PhotoCreate/Shutterstock ;
p. 47 : Christopher Pattberg/iStockphoto ;
p. 55 : Nancy Louie/iStockphoto ;
p. 65 : Lorraine Swanson/Shutterstock ;
p. 83 : Evgeny V. Kan/Shutterstock ;
p. 95 : iStockphoto ;
p. 101 : Carmen Martinez Banús/iStockphoto.

Dans cet ouvrage, le masculin est utilisé comme représentant des deux sexes, sans discrimination à l'égard des hommes et des femmes, et dans le seul but d'alléger le texte.

DANGER

LE PHOTOCOPILLAGE TUE LE LIVRE

Remerciements

J'ai été choyée par la vie.

Les enfants m'ont fait voir de quelle façon ils apprenaient le mieux et comment je pouvais parfois leur venir en aide.

De nombreux adultes, dont certains étaient éducateurs, m'ont éduquée.

Ce livre est le témoignage de ces acquis.

Un livre semblable est le résultat de nombreuses conversations et d'expériences sur l'apprentissage.

J'ai fait de mon mieux pour attribuer le mérite aux personnes responsables de certaines idées précises exprimées dans le texte.

Mais cela ne rend pas justice à tout ce que tellement d'autres ont partagé avec moi.

Je vous prie de m'en excuser et j'exprime ici ma gratitude profonde à chacun d'entre vous — que vous soyez cités ou non — qui avez contribué à mon apprentissage et à mon enseignement, et en particulier à mes collègues du Canada, des États-Unis et de la Nouvelle-Zélande.

J'aimerais aussi remercier mon meilleur ami et mon époux, Stewart Duncan, de même que nos enfants Bambi, Sheena et Mackenzie.

Ma vie est plus intéressante, plus agréable et plus enrichissante grâce à votre présence.

Merci de vivre cette vie avec moi.

Anne

Préface

Jusqu'aux années 1800, l'astrolabe était considéré comme un instrument de navigation extraordinaire pour déterminer la position d'un navire et tracer sa route vers sa destination. Par la suite, le sextant a offert une plus grande précision aux navigateurs, car cet instrument permettait de mesurer les objets célestes par rapport à l'horizon. L'invention récente du GPS (système de positionnement mondial) nous a donné une toute nouvelle capacité de déterminer notre positionnement sur cette planète. À l'aide d'information relayée par trois satellites en orbite, la distance est calculée par trilatération, avec une précision phénoménale de temps et de position. Cette capacité de nous voir nous-mêmes dans une perspective globale est devenue un paradigme de notre rapport à la vie moderne.

Depuis peu, des chercheurs ont développé de nouveaux systèmes de navigation pour tracer la route de l'éducation, le regard tourné vers l'avenir. L'évaluation et les systèmes traditionnels de correction de travaux ne répondent plus aux besoins des enseignants et des élèves dans leur préparation pour leur voyage sur la route de l'apprentissage. De nos jours, les jeunes gens doivent être indépendants et autonomes dans leur éducation, car ils auront probablement à embrasser différentes carrières au cours de leur vie. Le fait de les impliquer dans le processus d'évaluation en classe leur donne les outils requis pour tracer leur propre trajet d'apprenants.

Les recherches ont démontré que l'implication active des élèves dans l'évaluation en classe était associée à un meilleur taux de réussite, «parmi les meilleurs jamais enregistrés dans une intervention éducative» (Black et Wiliam, 1998). Conscients de ce fait, les éducateurs cherchent de nouvelles méthodes pour mieux savoir où se situent leurs élèves sur le chemin de l'apprentissage, et obtenir l'information dont ils ont besoin pour franchir les prochaines étapes.

Une évaluation de qualité en classe se traduit par la possibilité, pour les enseignants et les élèves, d'évaluer l'apprentissage en cours en opérant une triangulation donnée par les preuves des apprentissages et la rétroaction des enseignants, des parents et des élèves eux-mêmes. De plus, cette évaluation de qualité fournit les éléments d'information nécessaires pour franchir les prochaines étapes et rassembler les preuves significatives d'apprentissage.

Après de nombreuses conversations avec des éducateurs francophones, j'ai voulu trouver la meilleure façon d'exprimer ces idées en langue française. Les termes employés dans cette édition pour décrire l'évaluation en classe sont donc différents de ceux utilisés dans la version anglaise, bien que j'aie tenté d'en garder le sens intact. Si vous parlez ces deux langues, vous pourrez examiner les termes que j'emploie (*voir le tableau de la page suivante*). Je vous encourage à utiliser les termes appropriés et correspondant au langage employé dans les différents contextes langagiers.

Version anglaise	Version préliminaire pour la traduction française
Classroom assessment	Évaluation en classe
Assessment	Évaluation formative
Evaluation	Évaluation sommative
Self-assessment	Réflexion/autoévaluation/rétroaction spécifique et descriptive envers soi-même
Peer feedback	Rétroaction spécifique et descriptive des pairs
Assessment for learning	Évaluation formative et implication active de l'élève dans le processus
Evaluative feedback	Rétroaction résultant d'une évaluation sommative
Assessment of learning	Évaluation sommative

En même temps que votre apprentissage de l'évaluation en classe s'opère, vous devez décider comment appliquer ces nouvelles connaissances à votre démarche vers un travail de qualité avec les élèves. Ce livre indique les éléments clés pour prendre des décisions dans la préparation et la réalisation de séances d'évaluation en classe qui soutiennent l'apprentissage. En explorant ces concepts et ces idées et en répondant aux questions de chaque chapitre, vous pourrez prendre des décisions en regard de ce qui est important pour vous, vos élèves et leur apprentissage.

Prendre des décisions réfléchies en réponse à de bonnes questions est la meilleure façon d'amorcer ce processus. Votre planification vous aidera à savoir où vous allez et aidera également vos élèves dans leur apprentissage. J'espère que ce livre facilitera vos pratiques d'évaluation en classe. Par la suite, de concert avec vos élèves, vous pourrez entreprendre votre voyage vers un apprentissage réussi pour tous.

Table des matières

L'évaluation en cours d'apprentissage

*Un événement n'est pas une expérience
tant qu'on n'y a pas réfléchi.*

Traduction libre de Michael Fullan

L'enseignant qui désire appliquer correctement une démarche d'évaluation en classe doit d'abord être en mesure de distinguer évaluation formative et évaluation sommative. Quand nous procédons à une évaluation formative, nous rassemblons des éléments d'information sur l'apprentissage de l'élève, afin d'éclairer notre enseignement et d'aider les élèves à apprendre davantage. Nous pouvons alors modifier notre enseignement en nous basant sur les éléments d'information collectés. Quand nous procédons à une évaluation sommative, nous vérifions si les élèves ont appris ou non ce qu'ils devaient apprendre, et s'ils l'ont bien appris. Nous posons alors un jugement. Nous déterminons la hauteur de la barre. L'évaluation sommative est un processus d'analyse des preuves d'apprentissage et d'estimation de la valeur de ces apprentissages. Pour bien illustrer cette différence, Michael Burger nous propose le scénario suivant :

> Trois étudiants suivent une formation pour apprendre à plier un parachute. Imaginez que la moyenne de la classe est représentée par une ligne pointillée (*voir la figure 1.1 à la page suivante*). L'étudiant 1 a d'abord eu de bonnes notes, mais ses résultats ont baissé, et la fin du cours approche. L'étudiant 2 a des notes erratiques. Il fait parfois bien, et parfois non. L'enseignant peut difficilement prévoir ce qu'il fera d'une journée à l'autre. L'étudiant 3 a eu des notes très faibles par rapport à la moyenne de la classe pendant les deux premiers tiers du cours, mais a par la suite compris la bonne technique pour plier un parachute.

Figure 1.1 Plier un parachute

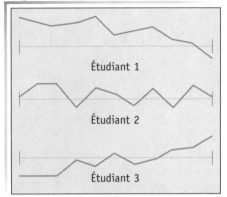

À quel étudiant demanderiez-vous de plier votre parachute? À l'étudiant 1? À l'étudiant 2? À l'étudiant 3? La plupart des gens choisiraient l'étudiant 3. Sauf que l'étudiant 3 n'a pas obtenu la note de passage à ce cours. La moyenne de ses notes n'était pas suffisamment élevée. Les étudiants 1 et 2 ont, quant à eux, obtenu la note de passage.

Pensez-y bien. Que peuvent nous apprendre les éléments d'information rassemblés au cours du processus d'apprentissage? Comment utiliser cette information pour soutenir l'apprentissage? Quels peuvent être les effets des évaluations sommatives trop hâtives ou trop fréquentes? Comment savoir si nous évaluons les choses importantes? Comment savoir ce qui a du sens pour l'apprenant dans le cadre de sa formation?

Quand les élèves développent une meilleure compréhension ou acquièrent de nouvelles habiletés ou de nouvelles connaissances, ils ont besoin d'occasions de les mettre en pratique. Cela fait partie du processus d'apprentissage. L'évaluation formative implique:

- de vérifier ce qui a été appris et ce qu'il reste à apprendre
- d'avoir une rétroaction spécifique et descriptive en fonction de critères axés sur l'amélioration

Parce qu'ils sont les mieux placés pour améliorer leur apprentissage, les élèves apprendront davantage en s'engageant activement avec les enseignants dans le processus d'évaluation formative.

La rétroaction spécifique et descriptive

L'évaluation formative implique que les apprenants profitent de nombreuses rétroactions *descriptives* durant leur apprentissage. La rétroaction descriptive donne de l'information qui permet à l'apprenant de modifier ou d'ajuster ce qu'il fait afin de s'améliorer (Gibbs et Stobart, 1993; Hattie, 1992, 2005). La rétroaction descriptive peut provenir de plusieurs sources: les enseignants, les pairs et l'élève lui-même, quand il compare son travail à des exemples ou à des modèles en fonction de critères appropriés. La rétroaction peut prendre la forme de commentaires spécifiques sur le travail, d'information affichée en classe et précisant les critères de qualité, ou de modèles qui donnent des exemples tangibles de cette qualité.

La rétroaction résultant d'une *évaluation sommative* est différente. Elle indique à l'apprenant la qualité de sa performance comparée à celle des autres ou en fonction d'une norme. Quand nous procédons à une évaluation sommative, nous analysons les exemples d'apprentissage présentés par les élèves et déterminons s'ils ont appris ce qu'ils devaient apprendre, et dans quelle mesure ils l'ont bien appris. La rétroaction résultant d'une évaluation sommative est souvent notée à l'aide de lettres, de chiffres, de crochets ou d'autres symboles — elle est encodée.

Les enseignants en classe savent, et les recherches le confirment, que si nous procédons à une évaluation sommative trop hâtive, nous limitons la rétroaction descriptive et risquons de nuire à l'apprentissage. Quand nous procédons à des évaluations formatives au cours de l'apprentissage afin d'améliorer l'enseignement et l'apprentissage, et procédons ensuite à une évaluation sommative à la fin du cours, nous donnons aux élèves le temps de s'exercer et de s'améliorer. Ensuite, quand vient le moment d'estimer les échantillons des travaux des élèves qui démontrent qu'ils ont progressé pour établir la notation, nous procédons à une évaluation sommative.

Dans une évaluation sommative, les enseignants vérifient ce qui a été appris à un moment donné de l'apprentissage. Le résultat est souvent résumé sous forme de notes, de chiffres ou d'échelons. L'apprentissage de l'élève est parfois comparé à celui des autres élèves (évaluation normative), ou mesuré selon les résultats d'apprentissage de son niveau scolaire et les objectifs ou contenus d'apprentissage (évaluation à interprétation critériée). Au niveau de la classe, ces éléments d'information sont utilisés pour renseigner les élèves, les parents et les autres éducateurs sur les progrès réalisés. Au niveau de l'école, de la commission scolaire ou du système d'éducation, ces évaluations servent de plusieurs façons à soutenir l'apprentissage de l'élève en venant en aide aux écoles, aux commissions scolaires ou au système d'éducation, afin qu'eux aussi apprennent.

Un processus efficace d'évaluation en classe

Un processus efficace d'évaluation en classe peut se décomposer en trois parties. Premièrement, les enseignants révisent le programme de formation et les documents normatifs, et se font une idée personnelle de l'apprentissage souhaité chez les élèves. Ils rassemblent et examinent des exemples et des modèles d'apprentissage pour des élèves d'un niveau scolaire donné, et réfléchissent aux exemples d'apprentissage que leurs élèves pourraient produire pour démontrer qu'ils ont maîtrisé ce qu'ils devaient apprendre.

Une fois le portrait général établi, les enseignants travaillent avec les élèves et les guident dans le processus d'évaluation formative. Les enseignants le font en discutant de l'apprentissage avec leurs élèves. Ils leurs montrent des exemples et suggèrent à quoi pourraient ressembler les travaux, ils établissent les critères avec les élèves qui, eux, s'engagent dans des activités de comparaison de leur travail ou celui de leurs pairs avec les modèles disponibles et selon les critères établis (rétroaction envers soi-même et les autres), ils se fixent des objectifs et rassemblent les preuves de leur apprentissage afin d'approfondir leur compréhension. Ils présentent leur travail aux autres et reçoivent encore d'autres rétroactions. Ce cycle se poursuit alors que les élèves participent activement à établir de nouveaux critères dans la suite de leur apprentissage. En participant à ce processus, les élèves deviennent partenaires dans le cycle d'évaluation formative continue.

Voir le processus à l'œuvre

À quoi peut ressembler ce processus à l'intérieur d'une classe ? La suite de ce chapitre propose un exemple d'enseignement et d'évaluation de type formatif. Dans cet exemple, les élèves apprennent à mener un projet de recherche.

Discuter de l'apprentissage

Au cours des prochaines semaines, nous allons travailler à un projet de recherche. Il est important que vous appreniez comment rassembler des éléments d'information et en dégager un sens pour vous, dans votre vie. Par exemple, pensez à Internet. On peut y trouver une quantité d'information. Mais pour qu'elle vous soit utile, vous devez déterminer ce que vous voulez savoir, faire le tri entre l'information sérieuse et celle que vous pouvez ignorer, et décider ensuite ce que tout cela signifie pour vous. C'est ce qui s'appelle exercer un jugement critique, et faire un usage réfléchi de l'information. Donc, qu'est-ce qui vous semble important dans un projet de recherche ?

Quand les élèves engagent une conversation avant d'entreprendre une tâche ou une activité d'apprentissage, cette discussion clarifie les choix, indique les stratégies possibles et encourage le partage d'information avec les autres. Quand les élèves travaillent avec les enseignants pour définir ce qu'est l'apprentissage et à quoi on peut le reconnaître, ils cessent d'être des apprenants passifs et participent activement à leur apprentissage. En s'impliquant de la sorte, ils utilisent et construisent davantage les circuits neuroniques de leur cerveau. Cela signifie qu'ils pourront avoir accès à ces éléments d'apprentissage plus facilement, et plus longtemps — longtemps après la fin du cours ou de l'examen.

Quand l'enseignant explique la matière à apprendre et la pertinence de cet apprentissage dans la vie des élèves, et qu'il les invite à définir comment ils se représentent ces acquis, les élèves commencent à comprendre ce qu'ils doivent apprendre, et peuvent donc commencer à s'y préparer. Plusieurs théoriciens de l'apprentissage pensent que nous interprétons le monde à travers nos modèles mentaux — nous voyons ce que nous pensions voir, et entendons ce que nous pensions entendre. Les recherches actuelles sur le cerveau vont dans le même sens (Pinker, 1997 ; Pert, 1999 ; Restak, 2003). Quand les élèves s'impliquent dès le début, ils sont mieux préparés à apprendre. Quand nous impliquons les élèves dans la mise en forme de leur apprentissage, nous les aidons à :

- comprendre ce qu'on attend d'eux
- accéder à leurs connaissances antérieures

- s'approprier leur apprentissage
- se donner des rétroactions descriptives en cours d'apprentissage
- envoyer un message à l'enseignant pour qu'il ajuste son enseignement

Le fait de savoir ce qu'ils vont apprendre et ce que cela représente pour eux donne aux élèves l'information dont ils ont besoin pour s'autoréguler dans leur apprentissage — tout en gardant le cap. Apprendre à réfléchir sur son apprentissage de cette façon est une habileté qui s'avérera essentielle tout au long de la vie, pour tout apprenant autonome et indépendant.

Donner des exemples et discuter des preuves d'apprentissage

Je vais vous donner quelques exemples de projets de recherche. Voici une affiche, une vidéo, une brochure et une ligne du temps. Je vous demande de travailler en équipe pour analyser ces projets scolaires et penser à ce qui vous semble important dans un projet de recherche. Pensez en particulier à la façon dont l'information est le mieux communiquée. Quand vous serez prêts, nous dresserons la liste de vos idées et établirons des critères pour nos projets de recherche. Nous pouvons noter les critères dans un diagramme en T. Un diagramme en T est un diagramme qui organise en deux colonnes les idées d'un remue-méninges décrivant : 1) ce qu'on voit et 2) ce qu'on entend.

Quand nous donnons aux élèves des exemples à examiner, et que nous discutons avec eux de ce qui est important dans leur apprentissage, nous les aidons à construire des modèles mentaux de réussite. Cela est particulièrement important pour les élèves qui éprouvent plus de difficultés.

Quand l'enseignant consacre du temps à ses élèves, en leur proposant des exemples et en faisant le lien entre ce qu'ils savent déjà et ce qu'ils doivent apprendre, les élèves comprennent mieux ce qu'ils vont apprendre, et ce qui fera l'objet d'une évaluation. Quand nous engageons les élèves dans cette direction, ils utilisent leurs connaissances antérieures et retirent davantage du langage de l'apprentissage et de l'évaluation. Ils commencent également à mieux se représenter les preuves d'apprentissage et découvrent ce qui importe — ce qui importe *vraiment*.

Choisissez avec soin les exemples que vous voulez montrer aux élèves. Si les exemples se limitent à montrer ce que les élèves savent et font déjà, ils ne les aident pas à progresser vers ce qu'ils devront savoir par la suite. Si les exemples représentent un travail trop avancé et éloigné de ce que les élèves savent et font, les élèves ne sauront peut-être pas comment partir du point où ils se situent pour se rendre là où ils doivent aller.

5

Poursuivre l'apprentissage

C'est maintenant le temps de commencer vos projets de recherche. Nous allons débuter avec un petit projet et vous pourrez ainsi vous exercer avec l'aide de votre groupe avant d'entreprendre un projet plus important de manière autonome. Vous aurez aussi l'occasion de découvrir ce que vous savez à propos d'un projet de recherche, et d'apprendre de nouvelles choses avec les autres membres de votre groupe.

Pour ce premier projet, j'aimerais que vous travailliez en petites équipes. Chaque équipe doit choisir un sujet sur lequel les membres aimeraient en savoir davantage. Choisissez un sujet pour lequel l'information est facile à trouver, car vous n'aurez qu'une semaine à consacrer à ce projet de recherche. Cela peut être un sujet que vous connaissez déjà assez bien concernant les sports, la musique, les animaux, etc. Pensez aux sujets qui vous intéressent vous, de même que vos camarades de classe. Dans une semaine, votre groupe présentera son projet à la classe. À ce moment-là, nous utiliserons les critères que nous avons établis pour vous donner une rétroaction concernant votre travail — gardez cela en tête en menant votre projet.

Donner aux élèves le temps de découvrir ce qu'ils savent déjà, et d'apprendre les uns des autres, permet d'étayer leur apprentissage futur. Quand les élèves discutent en équipe de leur apprentissage, ils peuvent comparer leurs réflexions, vérifier leur performance et approfondir la compréhension de leur apprentissage. Les recherches sur le rôle des émotions et du cerveau indiquent que les expériences de ce type préparent les apprenants à prendre les risques nécessaires dans leur apprentissage (Le Doux, 1996 ; Goleman, 1995 ; Pert, 1999).

Dans tout apprentissage, il est souvent essentiel de refaire la même chose plus d'une fois. C'est lorsqu'ils font une chose pour la deuxième ou la troisième fois que les élèves commencent à comprendre ce qu'ils savent et ce qu'ils doivent apprendre. Les élèves ont besoin d'entraînement pour apprendre. Par la répétition, ils peuvent saisir ce qu'ils apprennent et l'appliquer à des niveaux plus profonds.

Présentation

Vous avez disposé d'une semaine pour travailler à vos projets de recherche. Vous présenterez demain vos travaux à la classe. Veuillez indiquer à Émilie et à Gabriel si vous voulez que votre présentation soit filmée. C'est vous qui décidez si vous voulez inclure une vidéo dans votre portfolio.

Rappelez-vous notre objectif. Vous avez eu la chance de découvrir ce que vous saviez déjà à propos d'un projet de recherche, et d'en apprendre davantage au sein de votre équipe. Comme je vous le disais, nous allons utiliser les critères que nous avons établis ensemble pour vous donner une rétroaction spécifique et descriptive concernant votre travail. Quand vous aurez terminé vos présentations, je vais demander à chaque équipe d'évaluer son travail en fonction des critères. Je vais moi aussi utiliser ces critères pour vous donner une rétroaction spécifique. Avez-vous des questions?

Certains élèves savent ce que l'enseignant veut, sans qu'il ait besoin d'être explicite. Pour d'autres, ce n'est pas le cas. Quand nous nous assurons que les critères sont explicites, faisons participer les élèves au processus d'apprentissage et leur donnons une rétroaction descriptive en fonction de critères établis, nous donnons l'occasion d'apprendre à un plus grand nombre d'élèves. Nous commençons à rendre explicites les attentes qui étaient jusque alors implicites.

Quand nous donnons aux élèves la possibilité d'échanger entre eux et avec nous leurs connaissances, ils apprennent et nous apprenons également. Cela fait partie du processus d'apprentissage de célébrer ses réussites en partageant son travail avec les autres. Ces autres peuvent être les élèves de la classe, ceux des autres classes, les parents, surveillants ou membres de la communauté. Quand l'apprentissage est conservé sous forme imprimée ou numérisée, il constitue des preuves d'apprentissage concrètes qui peuvent servir plus tard, lorsque les élèves font des présentations ou des comptes rendus à leurs pairs.

Liens avec la recherche

Réfléchir aux critères établis incite les élèves à préciser sur quoi ils devront se concentrer dans la suite de leur apprentissage. Quand les élèves font eux-mêmes des choix relatifs à leur apprentissage, le taux de réussite augmente; lorsqu'ils n'ont pas de choix à exercer, l'apprentissage se détériore. (Traduction libre de Gearhardt et Wolf, 1995; Harlen et Deakin-Crick, 2003; Jensen, 1998)

Amorcer une réflexion et fixer des objectifs

Quand vous réfléchissez à votre travail, je veux que vous repensiez aux critères que nous avons établis ensemble. Prenez quelques moments pour écrire dans votre journal ce que vous avez bien fait, et noter deux points que vous devez améliorer.

Quand les élèves et l'enseignant réfléchissent, ils confirment, consolident et intègrent de nouvelles connaissances. Faire le bilan d'un apprentissage offre l'occasion de fournir une rétroaction collaborative — du point de vue de l'élève et de celui de l'enseignant. À votre avis, qu'avons-nous appris? Qu'est-ce qui a bien fonctionné? Qu'est-ce qui a moins bien fonctionné? Que devrions-nous faire autrement la prochaine fois?

Le fait de réfléchir donne aux élèves des aperçus sur leur apprentissage. Ces aperçus les aident à superviser leur apprentissage et leur donnent l'occasion d'effectuer une rétroaction personnelle détaillée sur celui-ci. Quand les élèves partagent leurs réflexions avec l'enseignant, ce dernier comprend mieux où se situent les élèves par rapport au but établi.

Revoir les critères

Maintenant que vous avez terminé votre projet de recherche,
c'est le moment de revoir les critères que nous avons établis.
J'ai remarqué que certaines équipes ont fait des choses qui n'étaient
pas mentionnées dans les critères de notre diagramme en T.

Vos présentations et vos projets vous ont peut-être rappelé d'autres
choses qui contribuent à rendre un projet de recherche intéressant.
Y en a-t-il qui ont des idées sur ce qui devrait être ajouté, changé
ou laissé de côté?

Au cours de leur apprentissage, au fil de leurs réflexions et de leurs évaluations formatives, les élèves définissent les critères et les redéfinissent. Avec le
temps, les critères deviennent de plus en plus précis, alors que les élèves
découvrent comment mettre en pratique leur apprentissage et produire un
travail de qualité. Il est important que les critères permettent aux élèves de
représenter les résultats de leur recherche de plusieurs façons différentes. Par
exemple, un critère bien défini peut s'appliquer à la fois à une ligne du temps,
à une affiche, à un projet d'écriture ou à une maquette. L'utilisation de critères qui s'appliquent à une gamme de représentations encourage les élèves
à représenter leurs connaissances dans une variété de formes, et permet à
l'enseignant d'évaluer avec justesse des projets tout aussi variés.

Une rétroaction qui stimule l'apprentissage

Quand les élèves réfléchissent à leur apprentissage en tenant compte des critères ou des exemples de travaux scolaires, ils se donnent eux-mêmes une
rétroaction. Comme cette rétroaction s'inscrit dans un contexte de critères
explicites qu'ils ont contribué à définir, elle est plus susceptible de les aider à
comprendre ce qui doit être fait différemment. Les critères précis et les
exemples de travaux scolaires augmentent la capacité des élèves à mieux
comprendre les prochaines étapes de leur apprentissage lorsqu'ils interagissent
avec un auditoire — les pairs, les parents ou les enseignants — et en reçoivent
une rétroaction.

Figure 1.2a

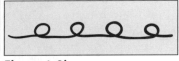

Figure 1.2b

Figure 1.2c

Imaginez, par exemple, qu'un enseignant s'efforce de donner à ses élèves de nombreuses rétroactions pertinentes aux moments jugés oppor-
tuns. En l'espace d'une semaine, il s'engage à fournir à chacun de ses
élèves quatre rétroactions précises et descriptives.

Imaginez maintenant que cet enseignant a impliqué ses élèves dans la
détermination des critères. Avant de ramasser les travaux pour donner
aux élèves sa rétroaction, il fait une pause et leur demande d'y réfléchir,
à la lumière des critères qu'ils ont conjointement établis (et de se donner
à eux-mêmes une rétroaction). Sans que l'enseignant ait à travailler plus
fort, les élèves bénéficient d'une plus grande rétroaction pour guider leur
apprentissage.

Imaginez que toute la classe comprend la définition de la qualité, car
tous ont contribué à en établir les critères en employant le langage de
l'évaluation. L'enseignant demande aux élèves de remettre leur travail à

un pair, afin qu'il l'examine et donne sa rétroaction fondée sur ces critères. Leur mandat consiste à réviser le travail, et à y relever deux exemples où les critères ont été respectés, et un exemple où une amélioration serait souhaitable, toujours selon ces critères préétablis.

Figure 1.2d

L'enseignant demande ensuite aux élèves de réfléchir et de se donner à eux-mêmes (ou entre eux) une rétroaction précise et descriptive. Il reçoit ensuite les travaux des élèves et leur donne davantage de rétroactions précises et descriptives qui contribuent à leur apprentissage.

Poursuivons notre réflexion. Que se passerait-il dans une classe où chaque élève a accès à Internet et au courrier électronique? Les élèves pourraient-ils envoyer leurs travaux à d'autres personnes et recevoir encore plus de rétroactions pour soutenir leur apprentissage? Absolument. Les recherches démontrent que les élèves souhaitent ces rétroactions lorsqu'elles sont facilement accessibles et qu'elles peuvent améliorer la qualité de leurs travaux (Davies, 2004).

Fixer les objectifs

Considérez les critères et vos réflexions, et déterminez sur quoi vous devrez concentrer votre attention la prochaine fois. Ce sera votre objectif. N'essayez pas d'en faire trop. Chacun peut se fixer un ou deux objectifs. Notez-les, et notez en quoi consisteront les premières étapes, et avec qui vous travaillerez de manière à vous soutenir mutuellement.

Quand les élèves travaillent ensemble à établir les critères, à réfléchir et à se donner des rétroactions spécifiques et descriptives, ils en viennent à comprendre le processus de l'évaluation formative, et se familiarisent avec un langage qui les aide à se donner de bonnes rétroactions. Les élèves se font une idée claire de ce qu'ils doivent apprendre et de leur situation actuelle en lien avec le but établi, et cela leur permet de commencer à définir les prochaines étapes de leur apprentissage. Fixer des objectifs est un moyen très efficace pour que les élèves se concentrent sur leurs apprentissages.

Figure 1.3 Notes sur l'apprentissage

Notes sur l'apprentissage

Deux choses que j'ai apprises :

1. La nourriture met six secondes pour passer de la bouche à l'estomac.

2. Le rôle de l'œsophage

Une question que je me pose :

1. Quel est le rôle des deux intestins ?

L'évaluation formative continue

Avant de partir, j'aimerais que vous remplissiez le formulaire qui se trouve sur votre bureau. Écrivez deux éléments que vous ignoriez à propos des projets de recherche et une question que vous vous posez. Merci.

Quand nous réfléchissons à ce que nous avons fait, cela peut nous amener à le comprendre d'une façon différente. La réflexion sur les critères donne aux apprenants l'occasion de se pencher sur leurs mécanismes de pensée et leur apprentissage — ce qui est la *métacognition*. Les élèves capables de réfléchir à la façon dont ils apprennent peuvent mieux réguler leur propre processus d'apprentissage. Ces approches peuvent être particulièrement impor-

9

tantes pour les enfants qui ne bénéficient pas de soutien additionnel dans leur apprentissage à l'extérieur de la salle de classe. Quand les élèves partagent leurs réflexions avec l'enseignant, ils apprennent mieux et l'enseignant, de son côté, peut améliorer son enseignement. Michael Fullan le dit de cette façon : «Un événement n'est pas une expérience tant qu'on n'y a pas réfléchi.»

Partager le travail

Lier ainsi l'évaluation formative à l'apprentissage aide les élèves à saisir le *comment* de l'apprentissage, autant que l'apprentissage lui-même. Impliquer les élèves dans l'évaluation formative les incite à s'approprier leur apprentissage, et à s'y investir davantage que lorsque cette responsabilité de l'évaluation (et de l'apprentissage) revient entièrement à l'enseignant.

Figure 1.4 Les élèves s'investissent davantage dans leur apprentissage

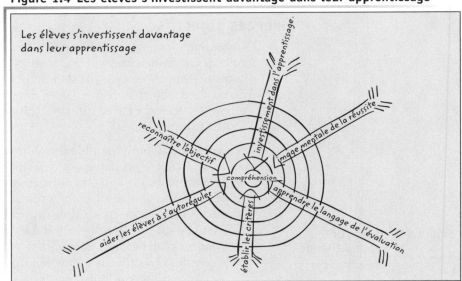

Le fait que les élèves s'impliquent davantage dans le processus d'évaluation formative modifie également la façon de travailler des enseignants. Ils étaient habitués à assumer l'entière responsabilité de la transmission de l'information concernant l'apprentissage. Maintenant, les exemples de travaux, les critères affichés et les commentaires des pairs sont autant de modèles auxquels les élèves peuvent se référer. De nombreux enseignants passent moins de temps à la correction à la fin d'un bloc d'apprentissage, et plus de temps à aider les élèves pendant l'apprentissage. Quand les enseignants diminuent les rétroactions sommatives et trouvent de nouvelles façons d'impliquer les élèves en leur fournissant des rétroactions descriptives, ils découvrent eux-mêmes ce que Black et Wiliam (1998) ont constaté dans leurs recherches : les élèves apprennent davantage.

Quand les élèves participent activement à la régulation de leur apprentissage et se donnent des rétroactions spécifiques et descriptives, ils sont obligés de réfléchir à leur apprentissage et d'exprimer clairement leur compréhension, ce qui les aide à apprendre. (Traduction libre de Schon, 1983, 1990 ; Walters, Seidel et Gardner, 1994 ; Wolf, 1987, 1989 ; Young, 2000 ; Zessoules et Gardner, 1991)

Repenser le rôle de l'évaluation

Grâce aux recherches et aux travaux théoriques concernant l'apprentissage, l'intelligence, le cerveau, le rôle des émotions et le concept d'apprenant autonome, nous sommes en train de repenser le rôle de l'évaluation en classe afin de mieux soutenir l'apprentissage des élèves.

Afin d'illustrer les moyens de faire fonctionner le processus d'évaluation en classe, nous nous demanderons comment nous pouvons :

- établir les bases de l'évaluation formative en classe (chapitre 2)
- aider les élèves à comprendre ce qu'ils doivent apprendre (chapitre 3)
- utiliser des modèles pour donner des exemples d'apprentissage (chapitre 4)
- déterminer quelles seront les preuves d'apprentissage significatives (chapitre 5)
- impliquer les élèves dans l'évaluation formative (chapitre 6)
- établir des liens entre l'évaluation et l'apprentissage (chapitre 7)
- impliquer les élèves dans la collecte, l'organisation et la présentation des preuves d'apprentissage (chapitre 8)
- inciter les élèves à discuter ouvertement de leur apprentissage (chapitre 9)
- impliquer les élèves et les parents dans les processus de correction et de notation de l'évaluation sommative (chapitre 10)
- approfondir la compréhension de l'évaluation en classe, pour nous comme pour les autres (chapitre 11)

Tout en vous inspirant des idées présentées dans ce livre, n'hésitez pas à développer votre propre expertise. Dans une émission diffusée à CBC en 1994, la journaliste et auteure Rita Shelton Deverell disait : « [...] un expert est une personne qui a une profonde compréhension de sa propre expérience. » En réfléchissant aux questions, en vous familiarisant avec les recherches, en prenant vos décisions et en travaillant avec les élèves et vos collègues, vous trouverez vos propres façons de mieux faire fonctionner l'évaluation en classe pour vous et vos élèves. Le voyage vers une évaluation en classe de meilleure qualité est trop important pour que nous le manquions.

> *On ne reçoit pas la sagesse, il faut*
> *la découvrir soi-même, après un trajet*
> *que personne ne peut faire pour nous,*
> *ni ne peut nous épargner.*
>
> Marcel Proust

Éclairer notre propre apprentissage

Vous en savez déjà beaucoup sur l'évaluation en classe. Je vous invite à réfléchir à ce que vous aimeriez ajouter à vos méthodes d'évaluation formative et sommative, et à ce que vous aimeriez peut-être cesser de faire, afin d'avoir le temps d'intégrer de nouvelles pratiques.

1. Pensez à ce que vous avez lu jusqu'à maintenant. Cela a-t-il confirmé votre point de vue? Avez-vous pensé: «Je le fais déjà!»? Cela vous a-t-il rappelé certaines notions que aviez oubliées?

2. Notez un élément en particulier que vous aimeriez approfondir. Faites part de vos réflexions à un ou une collègue.

Éclairer l'apprentissage des élèves

Pour préparer les élèves à utiliser l'évaluation formative et leurs réflexions afin de mieux apprendre, n'hésitez pas à les questionner sur leur apprentissage et le processus d'évaluation. Vous pouvez leur demander:

- Quelle est la meilleure façon de montrer ce que tu sais?

- Comment apprends-tu le mieux?

- Qu'est-ce qui t'aide à te souvenir?

- Quel type de rétroaction t'aide dans ton apprentissage?

- Aimes-tu apprendre et t'exercer seul ou avec les autres?

Établir les bases de l'évaluation formative en classe

*Toute découverte d'une fausseté
nous amène à rechercher honnêtement
ce qui est vrai, et toute nouvelle
expérience met en lumière certaines
erreurs, que nous éviterons
soigneusement de répéter à l'avenir.*

Traduction libre de John Keats

Pour instaurer en classe un environnement favorable à l'apprentissage, il faut découvrir qui sont nos élèves, leur laisser découvrir qui nous sommes et établir des règles à suivre en classe, afin de préciser la façon dont tous travailleront et apprendront ensemble.

Afin de participer pleinement à leur apprentissage et à leur évaluation, les élèves doivent trouver à l'école un environnement qui leur inspire confiance et où ils sentent qu'ils pourront apprendre. Cela suppose une communauté d'apprenants, où les élèves sont sensibilisés à ce qui est important et en mesure d'établir de bonnes relations avec les autres. Quand cette communauté inspire confiance aux élèves, ils sont plus enclins à prendre certains risques pour apprendre. Un tel type de communauté s'instaure lorsque les apprenants sont à même d'*apporter* leur aide et d'*obtenir* de l'aide, et qu'ils savent quel type d'aide obtenir et comment utiliser cette aide pour améliorer leur apprentissage.

Les élèves et les enseignants peuvent s'engager dans une évaluation formative lorsque chacun reconnaît :

• que les erreurs font partie intégrante de l'apprentissage
• ce qui différencie une rétroaction descriptive d'une rétroaction évaluative

- qu'il aura le temps de concrétiser ses nouvelles idées
- que la réussite peut se traduire de différentes façons

Les erreurs sont une part essentielle de l'apprentissage

L'apprentissage implique de prendre des risques et de commettre des erreurs pour ensuite agir autrement. Les erreurs donnent des indications pour l'évaluation formative, fournissant à l'apprenant une rétroaction qui le renseignera sur ce qui doit être évité ou, au contraire, privilégié. Tant que les élèves ne comprennent pas que les erreurs sont une part essentielle de l'apprentissage, ils ne sont pas nécessairement prêts à prendre des risques.

Dewey (1933) voyait l'apprentissage et la réflexion sur l'apprentissage comme un cycle continu, ou *boucle d'apprentissage* — nous apprenons, nous réfléchissons, nous apprenons encore. Maintenant, après plus de 70 ans, les recherches sur le cerveau pointent de nouveau vers le besoin critique de réflexion — ou rétroaction personnelle — dans tout apprentissage. Le cerveau se réfère à lui-même ; c'est-à-dire que nous décidons de ce que nous ferons d'après notre évaluation de ce que nous avons réalisé.

Quand l'enseignant modélise des erreurs qu'il est possible de commettre, les élèves apprennent à valoriser leurs propres erreurs en les percevant comme des éléments d'information utiles à leur apprentissage, et autant de rétroactions leur indiquant ce qu'ils doivent changer dans leur façon de faire.

Comprendre la rétroaction

Les apprenants comprennent ce qu'est la rétroaction. Ils en ont un exemple lorsqu'ils essaient de faire un panier au basket-ball et réussissent leur coup, ou le manquent. Lorsque leur entourage rit quand ils racontent une blague. Lorsqu'ils voient la réaction de l'enseignant après lui avoir remis un travail. Ce que les élèves ne comprennent habituellement pas, c'est qu'il existe différents types de rétroaction — la rétroaction descriptive et la rétroaction résultant d'une évaluation sommative.

Les recherches en cours sur la rétroaction indiquent que celle qui favorise le mieux l'apprentissage est spécifique et descriptive. Elle indique aux élèves ce qu'ils doivent faire davantage, et ce qu'ils doivent éviter de faire. Ce type de rétroaction ne donne pas d'information encodée sous forme de lettres, de notes ou d'autres symboles.

La rétroaction qui favorise l'apprentissage

La rétroaction qui favorise l'apprentissage — la rétroaction descriptive et spécifique — renseigne les élèves sur leur apprentissage. Elle leur indique ce qui fonctionne bien (ce qu'il faut faire davantage) et ce qui ne fonctionne pas (ce qu'il faut éviter de faire). Ils peuvent utiliser cette information pour ajuster leur façon d'agir, réussir à faire mieux et apprendre de leurs erreurs.

De nombreux enseignants trouvent difficile de donner fréquemment des rétroactions descriptives aux élèves, et ils leur fournissent d'autres types de rétroactions sous forme de modèles ou de listes de critères affichés et conçus avec les élèves. Les élèves se donnent entre eux des rétroactions descriptives quand ils comparent leurs travaux à des modèles ou à des exemples affichés, ou qu'ils les jugent en regard de critères précis. Ils reçoivent aussi une rétroaction descriptive quand leurs camarades se réfèrent aux critères pour décrire une partie précise de ce travail qui satisfait à ces critères, ou soumettre une question qu'ils se posent.

Figure 2.1 Critères à retenir pour faire une carte

Critères pour *une carte*	Exemple correspondant
— *La lecture et le repérage des endroits sont faciles*	L'exemple correspondant le plus approchant est le n° _2_ parce que...
— *Les endroits sont précisément localisés et identifiés*	— *Il est facile à lire*
— *Rien ne manque*	— *Tu as mal placé le Danube*
	— *Tu as oublié l'océan Atlantique*
Rencontre requise ☐	Question(s):
Date de réception *1ᵉʳ octobre*	
Évalué par ☑ l'enseignant ☐ l'élève ☐ un pair ☐ autre	Travail: *carte n° 3, Europe* Élève: *Geneviève P., bloc E*

Source: Traduit et adapté de Gregory, Cameron et Davies (1997, p. 37).

La rétroaction descriptive formative:

- se produit *pendant* aussi bien qu'*après* l'apprentissage
- est facile à comprendre et se rapporte directement à l'apprentissage
- est spécifique, ce qui facilite une amélioration de la performance
- implique le choix de l'apprenant quant au type de rétroaction et la façon d'y réagir
- fait partie des conversations courantes sur l'apprentissage
- utilise des comparaisons avec des modèles, des copies types, exemples ou descriptions
- concerne la performance ou le travail — et non la personne

La rétroaction résultant d'une évaluation sommative

La rétroaction résultant d'une évaluation sommative montre à l'apprenant comment il a réussi par rapport aux autres (évaluation normative) ou à ce qui devait être appris (évaluation critériée). La rétroaction résultant d'une évaluation se fait souvent au moyen de lettres, chiffres, crochets ou autres symboles. Comme ce type de rétroaction est encodé et résumé sous forme de bref commentaire (excellent travail) ou d'un symbole quelconque (B, 72 %, 3), les élèves comprennent habituellement s'ils doivent ou non s'améliorer, mais non *comment* s'améliorer. En l'absence d'autres rétroactions descriptives et spécifiques, les élèves ne disposent peut-être pas d'une information suffisante pour comprendre ce qu'ils doivent faire pour s'améliorer.

Quand il y a rétroaction résultant d'une évaluation sommative, les élèves en difficulté prêtent souvent peu d'attention à la rétroaction descriptive (Butler, 1988), alors que les élèves qui font bien seront capables de décoder la rétroaction résultant d'une évaluation sommative et utiliser cette information pour soutenir leur apprentissage (Brookhart, 2001).

Les recherches démontrent que la rétroaction résultant d'une évaluation sommative peut constituer un obstacle dans l'apprentissage de nombreux élèves (Black et Wiliam, 1998 ; Butler, 1987, 1988). Quand les élèves comprennent ce qui doit être appris et participent activement à rassembler les preuves de leur apprentissage, il leur est plus facile de voir l'évaluation comme une partie du processus d'apprentissage, plutôt que comme un événement ponctuel annonçant la réussite ou l'échec. Les enseignants qui veulent améliorer l'apprentissage de leurs élèves se font conseiller de réduire la fréquence des rétroactions résultant d'une évaluation sommative et d'augmenter la fréquence des rétroactions descriptives.

Prendre le temps d'apprendre

L'apprentissage est un processus qui demande du temps. C'est parce que la construction de sens (ce qui est appris) ne vient que de l'intérieur (Jensen, 1998). Quand nous avons plus de temps pour réfléchir à ce que nous apprenons, nous apprenons davantage. Parfois, pressés de couvrir les différents programmes dans un temps limité, nous ne laissons pas les élèves prendre le temps dont ils ont besoin pour s'approprier peu à peu un savoir particulier. Quand les élèves discutent entre eux de leur apprentissage et réfléchissent aux critères, aux modèles ou aux exemples qui leur sont proposés, ils se donnent à eux-mêmes des rétroactions descriptives qui les aident à apprendre davantage.

Certains se représentent l'apprentissage comme un groupe d'élèves calmement assis à leur bureau. Ce n'est là qu'une petite partie de ce qui doit se produire pour que l'apprentissage se produise. Les élèves ont besoin d'échafauder leur compréhension en interaction avec eux-mêmes, les autres et leur environnement (Vygotsky, 1978 ; Bruner, 1986). L'apprentissage prend du temps parce qu'il implique une interaction et une assimilation. Les enseignants réalisent que lorsqu'ils ralentissent le rythme et impliquent les élèves, ceux-ci sont plus susceptibles de savoir ce qu'ils vont apprendre, et les formes que cela pourra prendre. Quand les élèves ont le temps de penser à leur apprentissage et décident de ce qui doit être modifié ou amélioré, ils peuvent se fixer des objectifs. Les élèves ont besoin de temps pour :

- établir les critères et s'y référer
- réfléchir
- recevoir et donner des rétroactions descriptives
- rassembler les preuves ou indications de leur apprentissage
- établir et ajuster leurs objectifs
- chercher un soutien spécifique pour leur apprentissage
- communiquer leur apprentissage aux autres

Il faut dire qu'impliquer les élèves dans le processus de l'évaluation formative prend du temps. Commencez lentement. Les élèves savent que nous apprécions leurs paroles et leurs contributions quand nous leur démontrons.

Souligner la réussite

Les élèves ont de meilleures chances de réussir quand ils savent à quoi peut ressembler un travail de qualité. Par exemple, nous ne pouvons supposer que les élèves savent ce qu'est une bonne présentation ou un bon rappel d'histoire tant qu'ils n'en ont pas vu ou entendu. Il y a trop de place pour les malentendus quand nous n'utilisons que des mots. Il y a plusieurs façons d'aider les élèves à comprendre et à reconnaître ce qu'est un travail réussi. Des élèves qui possèdent déjà de bonnes connaissances sur un sujet, qui ont participé à des projets sur un thème précis ou qui révèlent des habiletés particulières peuvent être invités à en témoigner devant la classe. Cela peut prendre la forme d'un spectacle, d'une exposition, d'une présentation vidéo, d'un atelier ou même d'une conférence. Il s'agit simplement de fournir aux élèves des modèles et des exemples qui concrétisent l'apprentissage.

Les élèves ont également besoin d'avoir accès à une variété de modèles de réussite au cours de leur apprentissage. Nous pouvons, par exemple, leur montrer trois exemples différents illustrant le développement progressif dans la rédaction d'un paragraphe, ou quatre présentations différentes de résultats de recherches réalisées par les élèves des années précédentes. Montrer aux élèves des exemples variés leur envoie le message que leur travail, peu importe où ils en sont dans leur apprentissage, consiste à s'améliorer en apprenant davantage. Nous reconnaissons alors devant les élèves que l'apprentissage est un processus continu où chacun apprend d'une manière et à un rythme différents. Si nous présentons l'apprentissage comme un processus que tous les élèves font de la même manière et dans le même laps de temps, nous pouvons susciter un sentiment d'impuissance chez ces élèves qui ne savent pas comment s'améliorer ou de quelle façon démontrer leurs connaissances. Si nous n'aidons pas les élèves à se représenter des modèles de réussite, nous compromettons leur apprentissage.

Nous devons aussi inciter les élèves à démontrer leur apprentissage d'une façon qui leur est propre. En favorisant l'adoption de schémas variés d'acquisition et d'expression de l'apprentissage, nous valorisons le fait que les élèves utilisent leur bagage personnel de connaissances, d'habiletés et d'expérience.

Ensemble, en conversant et en observant des exemples, les élèves et les enseignants peuvent définir les nombreux aspects de la réussite. En discutant de ce qu'ils voient et entendent, les élèves et les enseignants se construisent un vocabulaire commun — un langage commun. Les élèves peuvent employer le langage de l'évaluation formative pour réfléchir, gérer leur propre apprentissage et donner des rétroactions spécifiques à leurs pairs. Sans ce langage partagé et cette vision commune d'un travail de qualité, les élèves peuvent ne pas comprendre, mal vivre leur apprentissage ou ne pas trouver l'aide dont ils ont besoin dans le processus d'évaluation en classe.

Impliquer les parents

Une communication efficace avec les parents et les personnes qui soutiennent l'apprentissage des élèves est aussi à la base de l'évaluation en classe. Les enseignants développent des relations qui vont au-delà de la salle de classe en invitant les parents à partager l'information, à discuter des objectifs et à procéder à des vérifications. Plus vite nous commençons, mieux nous en profitons.

Invitations à partager l'information

De nombreux enseignants téléphonent aux parents ou les invitent à écrire une lettre où ils décrivent leur enfant en tant qu'apprenant. D'autres appellent à l'avance pour prendre rendez-vous à la maison, ou invitent les élèves avec leurs parents à visiter la salle de classe avant le début des cours. Quelle que soit l'approche choisie, les enseignants obtiennent ainsi des renseignements sur les élèves et leur apprentissage à l'extérieur de l'école, et ils peuvent mieux apprécier le contexte de cet apprentissage. De nombreux parents sont sensibles à cette invitation à aider l'enseignant à mieux comprendre leur fils ou leur fille dans son apprentissage.

Les rencontres pour établir des objectifs

Une autre façon de bâtir une communauté d'apprenants efficace est d'inviter les parents et les personnes responsables à participer à des rencontres au début de l'année scolaire. Dans un premier temps, les élèves et les parents discutent à la maison des forces de l'élève et des sphères d'activité ou des matières où une amélioration est souhaitable. Ils établissent ensemble des objectifs. L'élève et les parents rencontrent ensuite l'enseignant et lui parlent de l'élève en tant qu'apprenant. L'enseignant prend des notes et pose des questions. Ce procédé fournit une information précise à l'enseignant, tout en donnant la parole aux élèves et aux parents.

Voici comment un enseignant décrit le procédé et les avantages de ces rencontres dans sa classe de primaire.

> Chaque année, nous avons une rencontre avec les parents pour discuter de ce que les élèves vont apprendre. Il y a quelques années, nous avons invité les parents à venir à la rencontre accompagnés de leurs enfants. L'an dernier, j'ai pensé que nous passions à côté d'une occasion de mieux connaître les élèves en tant qu'apprenants. J'ai demandé aux parents et aux élèves de réfléchir ensemble aux points forts de l'élève, à ce qu'il pouvait améliorer et aux types d'objectifs qu'il souhaitait

atteindre au cours de l'année. J'ai donné à chaque élève un questionnaire à apporter à la maison. C'était un genre de sondage qui s'adressait aux parents et à l'élève. Les élèves devaient penser aux types d'activités pour lesquelles ils étaient vraiment doués, à ce dont ils étaient fiers, à ce qu'ils voulaient améliorer et par quels moyens ils pensaient y arriver. Les parents devaient répondre aux mêmes questions et indiquer comment ils pouvaient aider leur enfant. Je les ai encouragés à me communiquer tout ce qui pouvait leur sembler pertinent.

Le résultat a été étonnant. Quand ils se sont présentés à la rencontre, j'ai écouté les élèves parler d'eux-mêmes en tant qu'apprenants. Les parents étaient très impressionnés. J'ai aussi écouté les parents parler de leur enfant, en tant qu'apprenant. Les élèves rayonnaient de fierté. J'ai posé des questions et j'ai pris des notes. J'ai appris beaucoup de choses que je n'aurais jamais sues si je ne leur avais pas demandé ces renseignements. Cela m'a aidé à me préparer pour l'enseignement de différentes matières, car j'ai alors pris conscience que certains élèves en savaient plus que je n'aurais pu me l'imaginer. De plus, quelques enfants qui n'allaient pas très bien en classe m'ont démontré des talents étonnants — pour lesquels ils étaient reconnus à l'extérieur de l'école —, par exemple pouvoir réparer toutes sortes de petits moteurs. Comme je connaissais maintenant leurs talents cachés et leur expertise, je pouvais les aider à prendre la place qui leur revenait dans notre classe.

Ces rencontres duraient une vingtaine de minutes — à l'heure du repas du midi, après l'école, en soirée, et même pendant l'événement «portes ouvertes». Chaque minute en valait la peine. Notre équipe d'enseignants parle déjà de devancer une des rencontres de l'année prochaine, afin qu'elle puisse avoir lieu au début de l'année scolaire, et que tous puissent en profiter.

Procéder à des vérifications

De nombreux mois peuvent s'écouler pendant que vous rassemblez des données fiables en nombre suffisant pour avoir une bonne idée de la situation, si vous vous basez uniquement sur votre propre collecte d'information. Procéder à des vérifications périodiques avec les parents et les élèves est profitable à tous.

Après avoir rassemblé vos données initiales et les preuves d'apprentissage pour chaque élève au début de l'année scolaire, envisagez de vérifier avec les élèves et les parents si quelque chose n'a pas de sens pour eux, ou si les élèves affichent un retard significatif dans leur apprentissage (un retard de plus de deux ans entraîne habituellement une intervention en collaboration avec nos collègues pour soutenir l'apprentissage de l'élève).

Quand vous essayez de comprendre les preuves d'apprentissage que vous observez et notez au cours de l'année, envisagez de procéder à une vérification avec les élèves et les parents. Expliquez vos conclusions à l'élève et dites-lui : «Voilà ce que j'ai constaté. Cela a-t-il du sens pour toi?». Allez voir les parents et dites-leur : «Voilà ce que j'ai constaté. Qu'en pensez-vous? Suis-je sur la bonne voie? Aimeriez-vous ajouter quelque chose?».

Une communauté d'apprenants

Les relations sont la clé de la réussite. Quand nous commençons en échangeant avec les élèves et leurs parents à propos des objectifs de l'apprentissage et en établissant des règles de conduite en classe, nous aidons à bâtir une communauté où l'apprentissage est soutenu par les données de l'évaluation formative. L'apprentissage n'est possible que lorsque chacun comprend que faire des erreurs, donner et recevoir des rétroactions, et prendre le temps de réfléchir et d'apprendre en sont des éléments essentiels. Ce n'est qu'en unissant nos efforts que les fondations de l'évaluation en classe — et de l'apprentissage — peuvent être établies.

> *Celui qui prend la mauvaise route doit*
> *faire deux fois le même voyage.*
>
> Proverbe espagnol

Éclairer notre propre apprentissage

Rappelez-vous une occasion où vous avez bien réussi à apprendre quelque chose. Prenez des notes sur ce que vous avez appris, où et quand vous l'avez appris, qui vous a aidé et quel type de rétroaction vous avez reçu. Discutez avec vos collègues de vos expériences. Dressez une liste commune des types de rétroactions qui ont été profitables dans votre apprentissage. Réfléchissez à ce que cela implique pour l'apprentissage de vos élèves et votre enseignement.

Comment pouvez-vous utiliser cette information pour aider vos élèves à apprendre davantage? Comment pouvez-vous commencer à déléguer une partie de la responsabilité de la rétroaction en classe? Comment créer des occasions où les élèves se donnent entre eux des rétroactions qui favorisent leur apprentissage?

Éclairer l'apprentissage des élèves

Demandez aux élèves de faire un remue-méninges en classe et de proposer des réponses à cette question : «Qu'est-ce qui fait la qualité d'un travail?».

Demandez ensuite aux élèves de répondre individuellement et par écrit à cette question : «Quel type de rétroaction m'aide à faire un meilleur travail? Donnez des exemples et expliquez votre réponse.»

Réfléchissez à leurs réponses afin d'évaluer leur niveau de compréhension des notions de qualité et de rétroaction à l'intérieur d'un processus d'apprentissage.

Si vous le voulez, consacrez un peu de temps à échanger avec les élèves à propos des recherches sur la rétroaction et expliquez-leur vos attentes sur ce qu'ils doivent savoir, pouvoir faire et exprimer clairement pour produire des travaux de qualité.

Commencer avec l'objectif final en tête

*Les élèves peuvent atteindre n'importe
quelle cible, pourvu qu'ils la voient
et qu'elle ne bouge pas.*

Traduction libre de Rick Stiggins

Quand les joueurs de golf prennent leur élan, ils savent où viser : en direction
du drapeau signalant le trou. Les pilotes doivent déposer leur plan de vol
avant d'obtenir l'autorisation de décoller. Les bons jardiniers préparent
chaque nouvelle saison en ayant en tête l'allure exacte que prendra leur jar-
din une fois épanoui. Les orienteurs professionnels nous demandent de faire
de même lorsqu'ils nous suggèrent de *commencer avec l'objectif final en tête*. Il
peut sembler évident qu'il soit plus facile d'atteindre une destination que
nous connaissons déjà. C'est ce que Tyler (1949) avançait, il y a plus de 50 ans,
quand il disait que la première question à laquelle les enseignants doivent
répondre est «Que voulez-vous que les élèves apprennent?» Répondre à
cette question s'est cependant avéré plus difficile que prévu.

En Amérique du Nord, les normes d'éducation réfèrent à ce que les élèves
sont censés apprendre (ce sur quoi ils seront évalués). Dans certaines provinces du Canada, on emploie le terme «résultats d'apprentissage» pour dési-
gner cet ensemble d'habiletés et de connaissances. Les normes d'éducation et
les résultats d'apprentissage constituent à la fois des occasions et des défis, de
même qu'ils sont un guide pour l'enseignement responsable de l'apprentissage. Quand les enseignants et les élèves savent où ils vont, ils ont de meilleures chances de réussir. Quand les enseignants savent ce qui doit être appris
et qu'ils sont au fait de ce que les élèves savent déjà, ils peuvent mettre au
point une variété de schémas d'apprentissage pour les élèves. De plus, les
élèves peuvent démontrer de plusieurs façons qu'ils ont satisfait aux normes

ou aux résultats d'apprentissage attendus. L'atteinte de ces normes et résultats peut constituer un défi lorsque les attentes concernant la qualité sont obscures, lorsque les élèves de la classe présentent différents niveaux d'expertise, ou si les résultats aux examens sont tout ce qui importe. En revanche, une réflexion approfondie et une préparation soignée peuvent transformer ces défis en occasions favorables.

- **Lorsque les attentes concernant le rendement sont obscures**
  Si nous avons défini les normes ou les résultats d'apprentissage escomptés sans préciser le niveau de rendement souhaité, nous ne pourrons pas savoir à quel moment les élèves atteindront l'objectif. Qu'en est-il alors des occasions à saisir ? Certains intervenants travaillent à développer des exemples et des modèles illustrant les différents stades d'apprentissage. Lorsque nous avons accès à ces modèles et que nous les utilisons pour mieux représenter les différents degrés d'apprentissage et de rendement, l'objectif final devient plus clair.

- **Lorsque les élèves de la classe présentent différents niveaux d'expertise**
  Les normes ou résultats d'apprentissage sont établis de telle manière que nous pourrions croire que tous les élèves amorcent leur apprentissage au même point, et qu'ils le réalisent dans le même laps de temps et de la même façon. Cela n'a jamais été vrai. De nos jours, les enseignants prennent d'abord connaissance de ce que les élèves savent déjà et peuvent déjà faire, pour *ensuite* enseigner. Le résultat : une nécessité accrue pour les enseignants d'adapter leur enseignement aux besoins très variés des élèves. Une part de ce défi consiste en une compréhension approfondie de la matière, afin d'aider les élèves à apprendre, qu'ils aient déjà ou non des connaissances à ce sujet. L'autre part consiste à apprendre à enseigner à de petits groupes d'élèves, au lieu de toujours considérer le groupe entier.

- **Lorsque les résultats aux examens sont tout ce qui importe**
  Les normes ou **résultats** d'apprentissage sont ainsi présentés qu'il semble parfois n'y avoir qu'une façon de prouver l'apprentissage. Dans certains cas, la seule mesure possible du degré de réussite est un examen externe. Cela constitue un problème, car plus nous limiterons la forme des preuves d'apprentissage, plus nous aurons d'élèves incapables de démontrer ce qu'ils savent. Lorsque les résultats d'une évaluation sommative externe sont contrebalancés par les résultats d'évaluations formatives et sommatives de haute qualité effectuées en classe, les élèves disposent de temps et d'occasions favorables pour apprendre et ainsi démontrer ce qu'ils savent.

  La salle de classe semble parfois être un endroit où seul l'enseignant sait ce qui doit être appris. Ce serait une erreur de présenter les choses ainsi. Si les élèves n'ont aucune idée de ce qu'ils ont à apprendre, ils sont handicapés et leur réussite s'en trouve compromise. L'époque où les élèves arrivaient en classe et tentaient de faire de leur mieux sans savoir ce qu'ils risquaient d'y apprendre est révolue. Les élèves ont besoin de connaître clairement l'objectif final de leur apprentissage. Cette destination peut être pour eux leur drapeau, leur plan de vol ou l'idée qu'ils se font de la réussite. Il est cependant vrai que tous les élèves n'éprouvent pas ce besoin. Certains élèves semblent le saisir spontanément — ils savent ce que vous voulez qu'ils apprennent, avant même que vous le leur expliquiez. D'autres n'ont pas cette chance. Cela constitue habituellement un problème pour ceux qui éprouvent des difficultés sur le plan scolaire.

Comme nous le mentionnions précédemment, des chercheurs citant des recherches sur le cerveau (Langer, 1997 ; Pinker, 1997 ; Pert, 1999 ; Restak, 2003) soutiennent que lorsque nous savons ce que nous allons faire, nous nous préparons mentalement et activons par le fait même davantage notre cerveau. Les élèves qui savent ce qu'ils sont sur le point d'apprendre peuvent s'autoréguler, procéder à des ajustements et apprendre davantage. Du point de vue de l'enseignant, ce processus s'opère en trois étapes :

- Décrire ce que les élèves devront apprendre en employant un langage compréhensible pour les élèves et leurs parents
- Présenter cette description aux élèves et leur expliquer la place de cet apprentissage dans les différentes sphères de leur vie
- Utiliser cette description pour guider l'enseignement ainsi que les évaluations formative et sommative

Dans ce chapitre, nous nous concentrerons sur la façon de dégager une description claire de l'apprentissage.

Figure 3.1a Le profil d'un élève de premier cycle du secondaire en mathématiques

Profil d'un élève de premier cycle du secondaire en mathématiques

- maîtrise les opérations de base
- produit un travail de qualité
- communique efficacement à l'aide des concepts liés aux mathématiques
- peut résoudre des problèmes
- peut représenter de différentes manières une opération mathématique
- appuie ses réponses sur des arguments logiques
- fait des liens entre les mathématiques et d'autres domaines
- sait à quel moment utiliser les bons outils en mathématiques
- peut concevoir des expériences et des questionnaires pour collecter, organiser et analyser les données

Décrire ce qui doit être appris

Les enseignants constatent qu'une description claire de l'apprentissage aide les élèves à apprendre davantage. Bien que le système d'éducation définisse l'apprentissage en termes généraux dans de nombreux documents, les enseignants doivent traduire et résumer ces énoncés en un langage clair que les élèves et les parents pourront comprendre.

Les enseignants complètent leurs descriptions en analysant les documents normatifs précisant les attentes pour chaque niveau, les descriptions des normes et des attentes et d'autres documents professionnels telles les normes appliquées dans l'enseignement des mathématiques de chaque province. Ils y ajoutent leurs réflexions personnelles tirées de leur propre expérience professionnelle.

Pour la plupart des gens, décrire des objectifs d'apprentissage est plus difficile qu'il n'y paraît — les mots obscurcissent souvent le sens. Commencez donc modestement. Concentrez-vous sur un sujet ou une unité d'étude. Résumez les **résultats d'apprentissage** ou les buts dans un langage clair et simple, correspondant à la façon dont les besoins d'apprentissage seront consignés par la suite. Lisez et révisez les attentes du programme se rapportant à votre matière et à votre niveau scolaire, et vérifiez les documents pour vous assurer que rien ne vous a échappé.

L'exemple suivant est une première ébauche de description de l'apprentissage du cours de langue française d'une classe de premier cycle du secondaire. La colonne de gauche n'est pas une liste des **résultats** d'apprentissage du programme de formation, mais plutôt un résumé sommaire de l'enseignant.

Même à cette première étape, les enseignants trouvent profitable de prévoir et de considérer différents types de démonstrations de l'apprentissage.

Figure 3.1b Le profil du cours d'anglais au premier cycle du secondaire

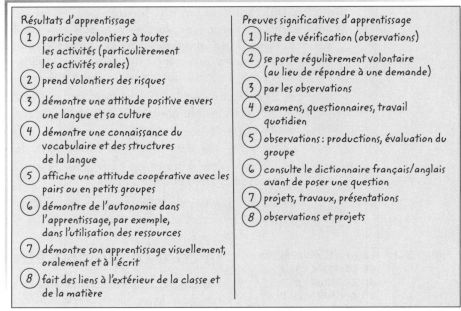

Résultats d'apprentissage

1. participe volontiers à toutes les activités (particulièrement les activités orales)
2. prend volontiers des risques
3. démontre une attitude positive envers une langue et sa culture
4. démontre une connaissance du vocabulaire et des structures de la langue
5. affiche une attitude coopérative avec les pairs ou en petits groupes
6. démontre de l'autonomie dans l'apprentissage, par exemple, dans l'utilisation des ressources
7. démontre son apprentissage visuellement, oralement et à l'écrit
8. fait des liens à l'extérieur de la classe et de la matière

Preuves significatives d'apprentissage

1. liste de vérification (observations)
2. se porte régulièrement volontaire (au lieu de répondre à une demande)
3. par les observations
4. examens, questionnaires, travail quotidien
5. observations : productions, évaluation du groupe
6. consulte le dictionnaire français/anglais avant de poser une question
7. projets, travaux, présentations
8. observations et projets

Utiliser les descriptions des apprentissages

Les enseignants ont tous leur façon de rédiger leurs descriptions des apprentissages afin qu'elles soient faciles à utiliser au cours de l'année, et compatibles avec les exigences du milieu. Les descriptions des apprentissages varient selon l'endroit, le contexte et les différents termes employés par chaque groupe d'intervenants. Vous seul connaissez la meilleure façon de communiquer avec vos collègues, vos élèves et les parents dans votre milieu scolaire.

Peu d'enseignants commencent avec une page vierge — nous prenons des décisions selon les réalités de notre travail, et ces décisions diffèrent selon le contexte dans lequel nous évoluons. Voici quelques exemples de moyens mis en œuvre par des enseignants pour développer et utiliser des descriptions de l'apprentissage.

➢ Mme H doit produire un bulletin commenté à la fin de chaque étape pour sa classe de première année du primaire. Pour procéder à l'évaluation de sa classe, elle a revu tous les documents concernant la lecture et les a résumés sur une feuille de papier grand format (27,94 cm x 43,18 cm). Elle a montré cette feuille aux élèves et leur en a expliqué le sens. Elle l'a aussi rendue accessible aux parents en l'affichant en classe. Ce résumé de ce qui doit être appris, ou des **résultats** d'apprentissage, l'aide à tenir compte de la progression de ses élèves. Ces renseignements peuvent ensuite être très utiles lors des rencontres entre les élèves, l'enseignant et les parents qui ont lieu à la fin de l'étape, et pour le bulletin commenté qu'elle prépare pour chaque élève.

> M. R enseigne en quatrième année. Au cours de l'année scolaire, il doit utiliser un bulletin comprenant un bilan continu des apprentissages. Il se sert donc du modèle de ce bulletin et du bilan qu'il contient pour résumer les éléments qu'il doit enseigner et évaluer. Il partage ces renseignements avec les élèves et les parents, de sorte qu'ils savent ce qui fera l'objet d'une évaluation.

> M. M utilise un procédé tripartite pour sa classe de sixième année. Les élèves réalisent leur propre bulletin, l'enseignant fait le sien, et les parents sont également invités à écrire leurs commentaires après avoir revu les preuves d'apprentissage. Afin que les élèves (et les parents) soient préparés à participer au processus d'évaluation, M. M fournit une description de ce que les élèves vont apprendre dans chaque chapitre en mathématiques. Il affiche ces descriptions au début de chaque unité de travail. Les élèves rassemblent également des preuves d'apprentissage se rapportant à chaque partie de la description pour être en mesure de les montrer à leurs parents lors de la rencontre. Quand les élèves de M. M ont commencé à utiliser des ordinateurs portatifs, ils ont continué de faire la même démarche, en présentant l'information et leurs réflexions sous forme numérique.

> Mme G enseigne le français au premier cycle du secondaire. Bien qu'elle soit d'accord avec les recherches soutenant que les notations par lettres peuvent constituer un obstacle à l'apprentissage (*voir la page 16 de ce livre*), elle doit tout de même les utiliser, et elle le fait. Afin de pallier cette situation, elle explique clairement à ses élèves les attentes et les résultats escomptés. Elle donne une description de ces critères pour le cours de français au premier cycle du secondaire. Il s'agit d'une suite d'énoncés décrivant ce que les élèves apprendront et seront en mesure de faire.

> M. D enseigne au niveau universitaire et désire que les étudiants valorisent leur apprentissage; il leur montre donc comment il évaluera cet apprentissage. Il leur donne une description détaillée de ce qu'ils doivent connaître, savoir faire et exprimer clairement, ainsi qu'une liste des preuves possibles d'apprentissage. Ses étudiants savent ainsi qu'ils doivent rassembler et fournir tous les types de travaux pouvant démontrer ces apprentissages et ces indices de qualité durant le cours.

Figure 3.2 Le français, premier cycle du secondaire

Français, premier cycle du secondaire

Au point d'arrivée
De façon régulière et autonome, l'élève parvient à...
- présenter des productions écrites de qualité
- démontrer sa compréhension des éléments d'un texte narratif
- développer ses habiletés en langue française
- communiquer efficacement des idées avec les autres et partager sur les productions écrites
- collaborer efficacement dans le processus d'apprentissage avec ses pairs
- rassembler des preuves d'apprentissage dans un portfolio
- s'autoévaluer et commenter le travail des autres de manière réfléchie et productive

Preuves d'apprentissage
- productions écrites: courtes histoires autobiographiques
- réactions à la lecture
- schémas de récit
- enregistrements audio/vidéo d'histoires racontées à haute voix
- illustrations
- journal
- commenter son travail et celui des pairs
- participation en petit ou en grand groupe
- travail autonome
- présentation de ses travaux à d'autres élèves

Exemples/Modèles
- échantillons de productions écrites des élèves des années passées
- exemples de présentations orales faites par les élèves des années passées
- échantillons du glossaire personnel des élèves des années passées
- modélisation en classe d'un schéma de récit
- exemples de réactions à une lecture des élèves des années passées
- exemples tirés des journaux des élèves des années passées

Évaluation
- produit des travaux écrits de qualité:
  – selon les critères établis
  – réalise plusieurs versions corrigées et révisées (contenu, orthographe, grammaire et ponctuation)
- fait des lectures:
  – selon les critères établis
  – démontre une compréhension du texte (production)
- réfléchit régulièrement à son travail et à son apprentissage de manière dirigée et réfléchie (conversations)
- travaille de façon autonome et coopérative dans ses productions et présentations (observations)

Le cycle de développement

Les enseignants rédigent des descriptions d'apprentissage qui tiennent compte de ce qui doit être appris et des façons de le démontrer. Le développement et l'utilisation des descriptions d'apprentissage font partie de l'évaluation formative et sommative, et du cycle continu d'apprentissage. Quand nous expliquons aux élèves ce qu'ils doivent apprendre et que nous répondons à leurs questions, ils ont une meilleure compréhension de ce qui importe vraiment. Quand les descriptions de ce qui doit être appris sont accompagnées d'exemples illustrant les aspects d'un travail réussi, les élèves ont suffisamment d'information pour faire des choix qui favorisent leur apprentissage. Par la suite, quand les élèves voient des exemples concrets de travaux, ils sont aptes à nous montrer ce qu'ils savent, tout en utilisant plus de moyens différents pour le faire. À force d'utiliser les descriptions d'apprentissage en classe, nous arrivons à les exprimer plus clairement, un processus à reproduire avec chaque nouveau groupe d'élèves et de parents.

Figure 3.3 « L'entonnoir des mathématiques »

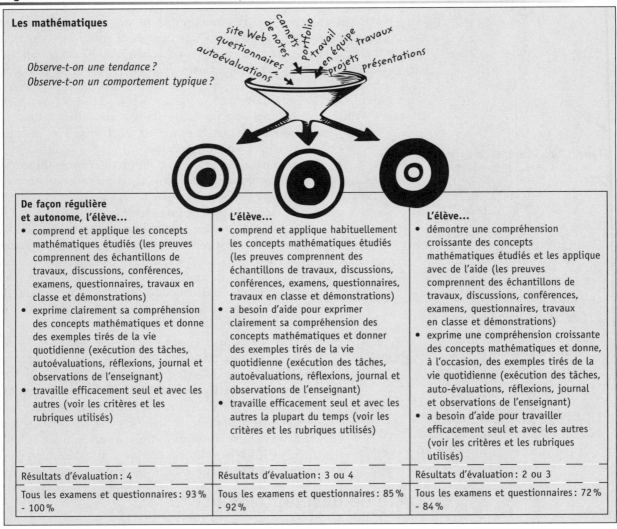

Les mathématiques

Observe-t-on une tendance ?
Observe-t-on un comportement typique ?

site Web / carnets de notes / portfolio / travail en équipe / travaux / questionnaires / projets / présentations / autoévaluations

De façon régulière et autonome, l'élève...	L'élève...	L'élève...
• comprend et applique les concepts mathématiques étudiés (les preuves comprennent des échantillons de travaux, discussions, conférences, examens, questionnaires, travaux en classe et démonstrations)	• comprend et applique habituellement les concepts mathématiques étudiés (les preuves comprennent des échantillons de travaux, discussions, conférences, examens, questionnaires, travaux en classe et démonstrations)	• démontre une compréhension croissante des concepts mathématiques étudiés et les applique avec de l'aide (les preuves comprennent des échantillons de travaux, discussions, conférences, examens, questionnaires, travaux en classe et démonstrations)
• exprime clairement sa compréhension des concepts mathématiques et donne des exemples tirés de la vie quotidienne (exécution des tâches, autoévaluations, réflexions, journal et observations de l'enseignant)	• a besoin d'aide pour exprimer clairement sa compréhension des concepts mathématiques et donner des exemples tirés de la vie quotidienne (exécution des tâches, autoévaluations, réflexions, journal et observations de l'enseignant)	• exprime une compréhension croissante des concepts mathématiques et donne, à l'occasion, des exemples tirés de la vie quotidienne (exécution des tâches, auto-évaluations, réflexions, journal et observations de l'enseignant)
• travaille efficacement seul et avec les autres (voir les critères et les rubriques utilisés)	• travaille efficacement seul et avec les autres la plupart du temps (voir les critères et les rubriques utilisés)	• a besoin d'aide pour travailler efficacement seul et avec les autres (voir les critères et les rubriques utilisés)
Résultats d'évaluation : 4	Résultats d'évaluation : 3 ou 4	Résultats d'évaluation : 2 ou 3
Tous les examens et questionnaires : 93 % - 100 %	Tous les examens et questionnaires : 85 % - 92 %	Tous les examens et questionnaires : 72 % - 84 %

Si vous ne savez pas où vous allez,
aucune des routes ne vous mènera
quelque part.

Henry Kissinger

Éclairer notre propre apprentissage

Commencez l'ébauche de votre plan d'évaluation ainsi :

1. Choisissez de focaliser sur une matière. Vous trouverez peut-être même plus facile de commencer par une seule unité d'apprentissage.

2. Résumez les objectifs d'apprentissage (ou normes, ou **résultats** d'apprentissage) en décrivant clairement le but à atteindre.

3. Lisez et révisez les documents relatifs à votre matière et à votre niveau scolaire pour vous assurer que votre description constitue un résumé exact.

4. Vérifiez votre description d'apprentissage avec un ou une collègue, ainsi qu'avec une personne qui ne travaille pas dans le milieu scolaire. Demandez-lui une rétroaction afin que la description de l'apprentissage et de l'objectif soit simple, claire et facilement compréhensible.

Éclairer l'apprentissage des élèves

Demandez à vos élèves de lire votre ébauche de l'objectif final et de vous dire ce qu'ils pensent que cela veut dire. Discutez-en. Demandez-leur de vous faire toute suggestion qui viserait à la rendre plus facilement compréhensible pour eux et leurs parents.

Décrire la qualité

*Les élèves ne peuvent s'autoévaluer
que s'ils ont une image suffisamment
claire de leurs cibles d'apprentissage.*

Traduction libre de Black et Wiliam

«Que voulez-vous au juste?» demande un élève. «Que peut-on considérer comme assez bon?» me demande une collègue. «À quoi ressemble l'excellence?» vous demandez-vous. Ces questions nous renvoient aux normes ou aux résultats d'apprentissage. Les programmes d'enseignement donnent des listes détaillant les résultats d'apprentissage de chaque niveau scolaire. Les normes des ministères ou des provinces définissent souvent ce que les élèves doivent apprendre et être en mesure de faire, sans toutefois indiquer comment *reconnaître* qu'ils le font effectivement. Ainsi, «communiquer clairement des idées par écrit» n'a pas le même sens pour un enfant de sept ans que pour un adolescent de seize ans. Les enseignants peuvent connaître cette norme consistant à «communiquer clairement des idées par écrit», mais n'avoir aucune idée de ce qu'elle signifie pour les élèves d'un groupe d'âge déterminé. Par ailleurs, si les enseignants ne savent pas reconnaître les signes de réussite chez leurs élèves, ils ne peuvent pas dire si ces derniers l'ont atteinte.

D'autre part, les normes sont établies de manière telle qu'il semble que tous les élèves partent du même pied, vont au même rythme et apprennent de la même façon. Les enseignants savent pourtant que l'apprentissage ne se déroule pas de manière séquentielle. Les élèves apprennent de différentes façons et à leur propre rythme. Les élèves d'une même classe ne seront jamais tous pareils. Ainsi, les enseignants n'offrant aux élèves que quelques façons de démontrer ce qu'ils ont appris limitent leur capacité ou leurs chances de le faire. L'excellence peut se manifester de bien des façons. Devant la diversité croissante de nos classes, laquelle est due aux différences sur les plans de la culture, de la langue et du contexte familial, ainsi qu'à de nombreux autres facteurs, les enseignants doivent apprendre à gérer et à accepter ces différences, tout en veillant à ce que les élèves atteignent les objectifs. Cette diversité peut même être une source de cohésion dans nos sociétés et dans nos classes. Les preuves d'apprentissage sont nécessairement diverses, puisqu'elles procèdent de réflexions et de performances personnelles visant à démontrer ou à exprimer sa compréhension. Les résultats aux productions écrites ou aux examens ne peuvent donc suffire. Il faut observer de quelle façon les élèves appliquent leurs connaissances, les écouter exprimer leurs idées et les engager à démontrer leurs acquis de plusieurs façons différentes. Notre défi consiste à imaginer des façons de représenter l'apprentissage qui incluent tous les élèves.

Les exemples et les modèles

Les exemples ou modèles peuvent prendre plusieurs formes : cartes, réactions à une lecture, productions écrites, projets, raisonnement mathématique, résolution de problème, présentations orales filmées, animations à l'ordinateur ou projets de recherche — tout ce qui peut révéler ce que les élèves sont censés connaître et réaliser en classe. Des exemples bien choisis de travaux scolaires illustrent l'apprentissage et répondent à la question « Comment faire pour m'assurer que je l'ai appris ? ». L'utilisation de modèles pour représenter différents niveaux de qualité correspondant à l'atteinte des normes peut non seulement aider les élèves à mieux comprendre les attentes, mais également renforcer le jugement professionnel des enseignants.

L'utilisation d'exemples en classe : À quoi cela ressemble-t-il ?

Les exemples sont importants dans une pratique efficace d'évaluation formative en classe. Ces exemples ou modèles peuvent être utilisés par les enseignants, quand ils :

- déterminent des critères avec les élèves
- expliquent aux élèves les différentes façons de représenter ce qu'ils ont appris (les preuves d'apprentissage)
- réfléchissent et donnent des rétroactions descriptives concernant les travaux de leurs élèves
- aident les autres à mieux comprendre l'apprentissage des élèves

L'utilisation d'exemples pour établir des critères avec les élèves

Les exemples de travaux d'élèves montrent à l'enseignant ce que ses élèves peuvent accomplir et aident les élèves à mieux comprendre ce qui est important. En analysant les exemples, les élèves découvrent à quoi peut ressembler leur travail, à différents stades de leur apprentissage.

Ils commencent aussi à assimiler les critères d'après lesquels on évaluera leurs travaux. Les élèves qui comprennent ces critères peuvent mieux réfléchir aux efforts personnels qu'ils doivent investir pour y satisfaire, ce qui constitue une rétroaction descriptive et spécifique en cours d'apprentissage.

Dans *Setting and Using Criteria* (1997), Gregory, Cameron et Davies proposent une façon d'établir des critères avec les élèves :

1. Dresser une liste de critères à l'aide d'une séance de remue-méninges.
2. Trier les critères et les répartir en catégories.
3. Concevoir et afficher un diagramme en T (*voir le chapitre* 6).
4. Utiliser, réviser et préciser constamment la liste de critères.

Lorsqu'on utilise des exemples pour établir des critères, on demande d'abord aux élèves de les examiner attentivement et d'en relever les principales caractéristiques. L'enseignant dresse ensuite la liste de leurs idées, en ajoutant les caractéristiques qui ont pu leur échapper. Une fois la liste complétée, les idées sont triées et transcrites dans un diagramme en T qui peut être affiché en classe. Cette liste de critères peut enfin servir à donner des rétroactions descriptives et aider les élèves à réfléchir à leur apprentissage.

L'utilisation d'exemples pour examiner les travaux des élèves et donner une rétroaction

Avec des critères clairs et des exemples facilement accessibles, nous disposons de nombreux moyens de réagir au travail de l'élève et de lui donner une rétroaction descriptive. Les élèves peuvent comparer leur travail aux exemples proposés et voir ce qui fonctionne, et ce qui requiert davantage leur attention. Les exemples peuvent servir à illustrer la gamme des travaux acceptables, à montrer à quoi ressemble un travail exceptionnel ou à illustrer les différents moyens dont les élèves disposent pour démontrer ce qu'ils ont appris. Les enseignants doivent décider quand il convient d'utiliser des exemples pour soutenir l'apprentissage de l'élève, car les modèles peuvent constituer une entrave s'ils sont utilisés au mauvais moment ou de la mauvaise façon. Voici quelques cas illustrant de quelle façon les enseignants utilisent des exemples pour soutenir l'apprentissage.

➤ Mme S demande à ses élèves de faire une lecture à deux. Pendant qu'un élève lit, l'autre observe les comportements qui démontrent une bonne lecture. À l'aide d'une fiche d'évaluation conçue par les élèves, l'observateur dresse la liste des critères ou caractéristiques d'une bonne lecture. À tour de rôle, les deux élèves se donnent une rétroaction descriptive et précise basée sur les critères de la fiche.

➢ Mme L conserve une collection de dessins, de peintures, de gravures et de sculptures afin de démontrer les différents stades de développement des compétences en création artistique. Elle demande aux élèves d'analyser les diverses pièces de la collection avant de réfléchir et de se donner à eux-mêmes, ou aux autres, une rétroaction descriptive et spécifique. Cet exercice les aide à devenir plus précis dans leurs rétroactions, ce qui facilite encore plus la suite de l'apprentissage.

➢ M. R conserve des projets de recherche réalisés au cours des années précédentes pour montrer à ses élèves l'ensemble des possibilités en ce qui a trait aux formes que peuvent prendre des projets de qualité. Avant de soumettre un projet de recherche, il demande aux élèves de travailler en équipe à analyser les différents modèles. Par la suite, tous les élèves participent à l'adoption des critères de qualité qui les guideront dans leur travail.

➢ Mme Z affiche deux ou trois exemples de cartes géographiques réalisées par les élèves, de même que la liste des critères qu'ils ont établis avec son aide. Avant de recevoir la rétroaction de leurs pairs, les élèves ont le temps de comparer leurs travaux aux exemples affichés. Ils doivent noter quel est l'exemple qui ressemble le plus à leur travail, et expliquer leur choix.

➢ Mme M publie, dans le site Web de son école, des exemples et des listes de critères pour que les élèves et les parents puissent les consulter facilement. Les élèves (et les autres intervenants) se servent de ces exemples et de ces critères pour se donner, et donner aux autres, des rétroactions descriptives et spécifiques.

➢ M. C affiche en classe deux exemples de réaction à une lecture afin de montrer aux élèves à quoi ressemble un travail de qualité. Pendant qu'ils travaillent, les élèves doivent comparer leur propre réaction aux exemples. Par la suite, M. C demande aux élèves de se donner une rétroaction basée sur les critères illustrés par les exemples, où de dire à quel exemple leur travail ressemble le plus, et pour quelles raisons. Cette rétroaction générée par les élèves est incluse dans leur travail et présentée à l'enseignant.

➢ Mme D et Mme L demandent toutes les deux à leurs élèves du niveau secondaire de leur remettre leurs portfolios afin qu'elles puissent les utiliser avec leurs futures classes. Chaque année, quelques élèves acceptent avec plaisir. Les enseignantes les utilisent pour montrer à leurs élèves, en sciences humaines et en mathématiques, des exemples tangibles de portfolios. Ils discutent également des éléments qui rendent un portfolio plus intéressant ou plus complet.

L'utilisation d'exemples pour montrer des façons de représenter l'apprentissage

Les enseignants utilisent souvent des exemples pour aider les élèves à voir les stades de développement des compétences dans le temps — par exemple, une série de productions écrites illustrant les différents niveaux de qualité d'une rédaction. Ces échantillons permettent aussi de leur montrer diverses façons de représenter ce qu'ils ont appris. Quand les élèves peuvent choisir parmi différents moyens de démontrer leurs acquis, ils sont plus nombreux à le faire, la forme de représentation choisie ne constituant plus un empêchement à leur réussite.

L'utilisation d'exemples pour aider les autres à comprendre l'apprentissage

Montrer des exemples peut aider les enseignants à répondre à ce genre de questions : « Que voulez-vous exactement ? », « Comment savoir si c'est assez bon ? » ou « Comment savoir ce qui est excellent ? », car cela leur permet d'illustrer les normes à atteindre. Utiliser des exemples pour les comparer aux travaux des élèves les aide également à répondre à cette question des parents qui veulent situer le niveau de leur enfant : « Comment va mon enfant ? ». Quand ils rencontrent les parents, les enseignants se servent d'exemples pour montrer la différence entre le niveau de rendement actuel de l'élève et le prochain niveau à atteindre. Cela aide aussi les parents à comprendre de quelle façon ils pourraient contribuer à cet apprentissage. Quand on observe les preuves d'apprentissage dans les travaux des enfants et qu'on les compare aux résultats d'apprentissage ou aux normes de qualité tels qu'ils apparaissent dans les exemples, on a une idée plus précise du chemin à parcourir pour atteindre les objectifs.

L'utilisation d'exemples pour éclairer notre jugement professionnel

Un assortiment d'exemples qui illustrent les normes à suivre peut être constitué en collaboration avec nos collègues, en rassemblant et en analysant des travaux qui peuvent refléter la qualité. Les enseignants collectent différents exemples, selon les normes sur lesquelles ils veulent insister, leur niveau scolaire et les besoins de leurs élèves. Voici quelques cas où des enseignants ont utilisé des exemples pour soutenir l'évaluation en classe.

➤ Au préscolaire, Mme M a utilisé des exemples de productions écrites pour aider les enfants à mieux saisir le développement des compétences en écriture. Le premier exemple était une production que tous les enfants pouvaient aisément reproduire et comprendre. Le second était un peu plus avancé dans le continuum. Tous les deux ou trois jours, Mme M montre un autre exemple. En présentant chaque nouvel exemple, elle demande aux enfants quelles indications cet exemple leur donne sur la qualité de l'écriture. Ensemble, ils dressent oralement une liste de critères. Elle leur demande ensuite ce que l'auteur aurait pu faire dans chacun des exemples pour améliorer son écriture. Les enfants profitent de cet exercice en approfondissant leur apprentissage aussi bien que leurs réflexions. Mme M en profite pour suggérer des idées aux enfants et leur montrer différentes façons d'améliorer leur écriture.

➤ Mme J, enseignante en deuxième année, a eu l'idée de constituer une collection de titres et d'auteurs afin d'illustrer la gamme des lectures qui s'adressent à des élèves de ce niveau. Elle choisit les livres en se basant sur sa propre expérience et les suggestions de ses collègues. Elle a publié la liste sur le site Web de l'école ; les parents peuvent ainsi la consulter de temps à autre, à mesure que leur enfant progresse.

➢ M. V a rassemblé des travaux provenant de ses élèves de quatrième année et de ses collègues pour créer des dossiers contenant de six à dix exemples qui illustrent bien les différents niveaux de compétence en écriture que les élèves de cet âge peuvent atteindre, dans ces trois catégories générales :

- expériences personnelles
- textes narratifs
- textes informatifs

➢ De concert avec ses élèves, M. T a rassemblé un large éventail de productions qui illustrent les différents types de raisonnements mathématique et de résolution de problèmes pour le premier cycle du secondaire. Cet éventail inclut :

- des extraits de journaux d'élèves décrivant des façons de résoudre des problèmes
- des carnets de notes (incluant ceux des années précédentes)
- des exercices de type « avant et après » inclus dans le portfolio
- des exemples de questions formulées par les élèves à l'intention de leurs pairs

Il a publié ce matériel sur le site Web de la classe pour que les élèves aient accès à des exemples de preuves ou d'indications significatives d'apprentissage.

➢ Au cours des trois dernières années, Mme B a constitué une collection d'échantillons qui illustrent les différents niveaux de compétence en lecture et en écriture pour les élèves de deuxième cycle du secondaire. La collection comprend :

- des réactions à des lectures notées dans les journaux des élèves
- des listes de livres lus par les élèves
- des exemples de courts textes (un paragraphe)
- différents projets (affiches, évaluations de lecture, analyses de personnages, présentations orales filmées)

➢ Mme D donne un cours d'histoire à l'université. Elle a rassemblé des travaux réalisés par quelques étudiants chaque semestre, et d'autres exemples de questions et réponses tirés d'examens finals. Chaque travail est accompagné d'une grille d'évaluation (conçue avec les étudiants). Les colonnes ne sont pas titrées, chiffrées ou identifiées par une lettre ; les descriptions indiquent plutôt clairement une amélioration graduelle d'une colonne à l'autre. Les discussions avec les étudiants les aident à voir les différentes formes que peut prendre un travail de qualité à leur niveau. Mme D s'assure que les définitions inscrites donnent une rétroaction descriptive, et non évaluative. Par exemple, on peut lire « besoin de réviser l'orthographe » (rétroaction descriptive) et non « beaucoup trop de fautes d'orthographe » (rétroaction évaluative). Les étudiants ont le loisir de présenter à nouveau leurs travaux révisés jusqu'à la dernière semaine du semestre.

➢ M. R est orthopédagogue dans une école primaire. Il garde une collection de travaux d'élèves pour illustrer les différents stades de développement des compétences, des dessins en forme de lettres aux miniromans écrits par les élèves. Il les a rassemblés dans une reliure en forme d'accordéon, fabriquée en papier de bricolage. La collection peut être consultée à plat ou se déplier de manière à présenter une suite de travaux. Quand il travaille avec les élèves, il leur montre les exemples se rapprochant le plus de leurs travaux, et d'autres exemples illustrant le niveau de rendement recherché. Par la suite, ils préparent ensemble les prochaines étapes vers l'amélioration.

Collecter et analyser des exemples

Au fil du temps, les enseignants peuvent se constituer une importante collection d'exemples, mais il est plus facile et plus productif de le faire en collaboration avec des collègues. Le processus d'analyse et de sélection des exemples donne aux enseignants la chance de voir un vaste éventail de travaux d'élèves, de comprendre ce que les élèves doivent apprendre, de dégager les points liant les types de productions que les élèves peuvent réaliser à chaque étape de leur apprentissage, et de développer un langage commun.

Voici un exemple de démarche à suivre :

1. Trouvez quelques collègues intéressés par cette démarche commune.
2. Concentrez vos recherches à un domaine d'application (écriture dans un journal, par exemple).
3. Rassemblez un éventail d'exemples (assurez-vous qu'ils sont anonymes).
4. Analysez, pour chaque exemple, ce qui est satisfaisant et ce qui devrait faire l'objet des prochaines étapes dans l'enseignement. (Si possible, comparez les exemples de vos élèves à ceux présentés dans les documents d'évaluation sommative du Ministère.)
5. Constituez-vous une collection personnelle.
6. Choisissez un autre domaine d'application et reprenez l'exercice.

Voici d'autres moyens utilisés pour rassembler des exemples. Dans certains cas, les exemples ont été obtenus à partir d'un fichier national ou provincial d'évaluations sommatives, afin de clarifier la compréhension des normes établies ; ils ont parfois servi à établir de nouvelles normes à différents niveaux de compétence. Dans tous les cas, les noms des élèves n'apparaissent jamais dans les documents.

Figure 4.1 Comment en arriver à un accord sur le rendement

> **Comment en arriver à un accord sur le rendement**
>
> **Intention :** Engager tous les participants et les personnes-ressources à discuter du niveau de rendement des travaux et à déterminer où chaque travail se situe.
>
> **Avant la rencontre :** L'équipe d'éducateurs détermine dans quel domaine la qualité du travail sera analysée. Chaque participant apporte deux ou trois exemples de travaux d'élèves, dont au moins un est jugé conforme au niveau scolaire. Tous les noms d'élèves sont effacés ou masqués ; les travaux sont identifiés par un chiffre (1, 2, 3). Des copies des travaux sont distribuées à chaque participant. Si un travail est long ou volumineux, le travail et la question peuvent être remis à l'avance. Le présentateur formule une question pour la rétroaction : « Jugez-vous ce travail conforme à ce niveau scolaire ? ». Il remplit une évaluation écrite avant de commencer la critique (*voir Autoévaluation préparatoire ci-dessous*) et prépare une présentation de cinq minutes de la vue d'ensemble du travail.
>
> **Durée :** 30 à 35 minutes pour chaque analyse
>
> 1. **Pour débuter :** Nommez un modérateur et une personne qui notera le temps écoulé. Revoyez l'objectif du protocole et les règles de base de cette rencontre.
> 2. **Description du contexte :** Le présentateur explique le contexte et l'objectif de l'évaluation. La question centrée sur les objectifs est écrite sur une feuille de papier grand format, ou au tableau, afin que tous puissent la voir.
> 3. **Recherche de sens :** Trois participants posent des questions de clarification. (3 minutes)
> 4. **Critique du travail :** Les participants font la critique du travail. Ils examinent en quoi il répond aux normes de rendement en fonction des critères utilisés par les élèves, comment il pourrait être amélioré, et quelles peuvent être les prochaines étapes d'apprentissage et d'enseignement pour chaque élève. (8 minutes)
> 5. **Établir des liens :** Le présentateur se joint à la conversation et soulève les idées ou point pertinents à prendre en compte. (3 minutes)
> 6. **Résumer les idées :** Chaque participant émet son avis. (5 minutes)
> 7. **Réflexions en marge de la rencontre :** Le présentateur du travail et les participants commentent brièvement l'efficacité de la méthode utilisée. (3 minutes)
> 8. **Reprendre l'exercice :** Reprendre l'exercice pour chaque travail présenté.
>
> **Autoévaluation préparatoire :**
>
> Dans ce travail, l'objectif d'apprentissage des élèves était :
>
> Le contexte d'apprentissage était :
>
> Les critères de rendement étaient :
>
> J'estime que ces exemples démontrent une qualité conforme au niveau scolaire parce que :
>
> Pour améliorer la qualité de ces exemples, les élèves doivent démontrer des preuves ou être capables...
>
> À mon avis, les prochaines étapes d'enseignement pour ces élèves sont...

Source : Traduit et adapté de Glaude (2005).

Un enseignant se démarque

M. M était nouvel enseignant dans une école intermédiaire, et n'était pas certain du niveau de compétence des élèves de cet âge en lecture théâtrale. Il demanda aux enseignants de lui fournir tous les exemples de transcriptions ou de vidéos de présentations orales ou de spectacles qu'ils avaient pu rassembler ces dernières années. Il leur offrait de monter une collection, d'en faire des copies et d'y ajouter par la suite des exemples provenant de ses élèves. Trois enseignants ont accepté, les permissions ont été obtenues et une collection d'exemples de présentations filmées a été constituée, reproduite et distribuée.

Figure 4.2 La lecture théâtrale

Lecture théâtrale	
Critères	Détails
L'emplacement des élèves les aide à communiquer le message	– Certains lecteurs sont à un emplacement surélevé – Les spectateurs peuvent voir tous les élèves – Les lecteurs ne font pas de bruit avec leur texte
La voix des élèves contribue à communiquer le sens	– Les textes sont énoncés avec clarté – Les voix des lecteurs s'adaptent au texte et aux personnages – Les lecteurs lisent efficacement leur texte – Il n'y a pas de silence prolongé
Les gestes des élèves favorisent l'attention et la compréhension de l'assistance	– Les élèves ont répété leur lecture – Les accessoires utilisés facilitent la compréhension des spectateurs – Les lecteurs entrent et sortent calmement – Tout le monde salue l'assistance en même temps – Les élèves quittent la salle au moment où ils doivent le faire

Source : Traduit et adapté de Dixon, Davies et Politano (1996, p. 71).

Figure 4.3 Des exemples de travaux d'élèves Fiche d'observations

Exemples de travaux d'élèves Fiche d'observations	
Numéro de l'exemple : _____	Année scolaire de l'élève : _____

Contexte ou tâche
Quel type de production écrite l'élève devait-il faire ?

Aide
Quelle forme d'aide l'élève a-t-il reçue (si connue) ?

Analyse
Quelles sont les compétences de l'élève en écriture ?
Considérez les aspects suivants.

Description	Analyse
Production de sens Quel message l'élève voulait-il transmettre ?	
Style et expression personnelle Quels types de mots et de phrases l'élève utilise-t-il ?	
Forme Quel type d'organisation cet exemple dénote-t-il ?	
Caractéristiques apparentes Comment l'élève réussit-il à structurer ses phrases et à respecter l'orthographe ?	
Prochaines étapes D'après les indications de cette fiche, quelles seront les prochaines étapes d'apprentissage de cet élève ?	

Obtenir la participation de toute l'école

L'équipe d'enseignants d'une école a voulu en apprendre davantage sur les formes que pouvait prendre une écriture de qualité pour des élèves de différents groupes d'âge. Les enseignants ont décidé de rassembler des exemples d'ébauches de productions écrites dans les journaux des élèves afin d'illustrer la gamme des niveaux d'écriture dans leur classe, et d'apporter à leur prochaine réunion un minimum de six exemples illustrant divers niveaux d'apprentissage et de qualité.

Les exemples ont été photocopiés afin que tous puissent les consulter. Réunis selon le niveau scolaire de leurs élèves, les enseignants ont passé en revue tous les exemples, discutant de ce qui était typique, exceptionnel ou problématique pour ce niveau scolaire. Ils ont sélectionné et retenu quelques exemples pour illustrer une gamme de productions écrites correspondant au niveau scolaire de ces élèves. Ils ont observé un protocole lors de cet échange (Glaude, 2005).

Après avoir analysé et sélectionné les exemples, les groupes d'enseignants ont dressé l'inventaire des compétences des élèves de chaque niveau scolaire en écriture. Ils ont pris des notes et ont déterminé, lors d'une séance de remue-méninges, une ou deux stratégies d'enseignement à privilégier prochainement, d'après les besoins des élèves que chaque exemple a permis de mettre en lumière.

Après trois heures d'échanges, les enseignants ont passé en revue les exemples de travaux des plus jeunes élèves aux plus vieux, afin de visualiser le développement des compétences au fil du temps. Les exemples de productions écrites ont été rassemblés et placés dans un classeur, à la disposition des enseignants et des parents. Par la suite, lorsque le Ministère a publié une collection de nouveaux exemples, ils les ont passés en revue afin d'enrichir leur collection.

L'autre domaine de compétences que ce groupe d'enseignants a voulu analyser est la lecture. Ils ont rassemblé des réactions de groupes d'élèves variés à une lecture. Ils ont également obtenu la collaboration d'une école voisine, augmentant ainsi leur champ d'expertise et la gamme des exemples de travaux d'élèves. Les deux écoles ont reçu des copies de ces exemples, de l'analyse effectuée et du plan suggéré.

Une équipe provinciale

Après avoir analysé un grand nombre de productions écrites, une équipe provinciale a rédigé une description du développement des compétences en écriture, du préscolaire à la fin du secondaire. En vue d'aider les enseignants à comprendre cette description, l'équipe a sélectionné des exemples à l'échelle provinciale pour illustrer les connaissances et les compétences des élèves (ce que les élèves connaissent et peuvent faire) aux différents niveaux scolaires — le développement graduel, du préscolaire à l'obtention du diplôme d'études secondaires — et la gamme ainsi que l'importance des compétences qu'on pouvait observer à ces différents âges.

Dans certains pays, comme la Nouvelle-Zélande, on a collecté un large éventail d'exemples dans plusieurs domaines précis. Ces exemples sont utilisés de nombreuses façons par les enseignants pour :

- définir les critères avec les élèves
- fournir une rétroaction de meilleure qualité
- aider les autres (parents, intervenants, etc.) à comprendre l'apprentissage

Quand on utilise des exemples ou des modèles, il est important de reconnaître que les élèves apprennent de diverses façons et à des rythmes différents. Les enseignants donnent du sens aux normes en se basant d'abord sur leurs élèves et leurs travaux, et en échangeant ensuite avec leurs collègues. Notre mandat consiste à être vigilants et aussi curieux que possible sur l'apprentissage des élèves, et sur notre façon d'utiliser l'évaluation en classe pour soutenir leur apprentissage.

> *Nous n'avançons sur la route que*
> *si nous faisons face à notre objectif,*
> *sommes confiants et croyons à notre*
> *succès.*
>
> Traduction libre de Orison Swett Marden

Éclairer notre propre apprentissage

Seuls ou avec vos collègues, concentrez votre attention sur un domaine ou une matière et rassemblez un éventail d'exemples. Faites en sorte que les noms des élèves n'apparaissent nulle part. Il est important que les travaux des élèves ne puissent être reconnus par d'autres élèves. Vous devrez peut-être échanger quelques exemples avec un ou une collègue d'une autre école. Vous pouvez aussi demander aux élèves de créer des exemples réservés à cet usage.

Quand vous examinez des exemples, dressez l'inventaire des points importants que les élèves doivent noter. Quand les élèves analysent ensuite les exemples, ils ajoutent souvent d'autres éléments à cet inventaire.

Éclairer l'apprentissage des élèves

Demandez aux élèves d'examiner les exemples choisis. Vous pouvez leur faire examiner seulement un ou deux exemples au début. Notez ce qui leur semble important. Attirez leur attention sur tout aspect ou caractéristique qui a pu leur échapper. Demandez-leur ensuite de déterminer un ou deux éléments qui pourraient améliorer le rendement. Incitez-les à utiliser cet exemple pour orienter leur propre travail vers une meilleure qualité.

Les preuves d'apprentissage

Ce n'est qu'en élargissant et en reformulant notre conception de l'intellect humain que nous pourrons trouver des moyens plus appropriés de l'évaluer et des façons plus efficaces de l'éduquer.

Traduction libre de Howard Gardner

Les preuves d'apprentissage

Quand vous aurez déterminé ce que les élèves doivent apprendre et que vous reconnaîtrez les signes vous indiquant qu'ils ont réussi, vous devrez considérer les types de preuves d'apprentissage à rassembler afin de planifier votre enseignement et vous assurer de la pertinence et de la validité de vos pratiques. De cette façon, quand vous procéderez à une évaluation à la fin d'une période d'apprentissage, vous serez sûrs de pouvoir exercer un jugement professionnel de qualité et pourrez baser votre enseignement sur les besoins réels des élèves.

Les enseignants collectent différents types de preuves d'apprentissage, même si les besoins des élèves en apprentissage sont parfois les mêmes. Cela est dû aux expériences d'apprentissage variées que les enseignants préparent pour les divers groupes d'apprenants. De plus, comme les élèves apprennent de différentes façons et à des rythmes différents, les preuves retenues par chacun d'eux pour représenter leur apprentissage peuvent varier légèrement. Les enseignants doivent donc s'assurer de rassembler suffisamment de preuves d'apprentissage provenant de sources variées, et ce, sur une période de temps suffisamment longue.

La provenance des indications

Les enseignants doivent se préparer soigneusement pour s'assurer qu'ils ont une quantité suffisante de preuves d'apprentissage et que ces dernières sont valables et fiables. Les indications doivent donc provenir de sources variées et être réparties sur une période de temps suffisamment longue.

Cette gamme d'indications doit comprendre des données d'ordre qualitatif et quantitatif. Il ne suffit pas de dresser la liste des devoirs et des activités pour ensuite en tirer des preuves d'apprentissage. Les enseignants doivent commencer avec l'objectif final en tête — les résultats d'apprentissage dont ils ont la responsabilité. C'est seulement alors que les preuves d'apprentissage peuvent être mesurées aux normes d'apprentissage du programme d'étude ciblé. En considérant les buts de l'apprentissage et en les comparant aux preuves d'apprentissage recueillies, les enseignants doivent se demander : « Y a-t-il des écarts ? Y a-t-il des chevauchements ? Mes preuves d'apprentissage proviennent-elles de sources variées ? ».

Les preuves d'apprentissage recueillies en classe proviennent généralement de ces trois sources : les **observations** de l'apprentissage, les **productions** des élèves, et les **conversations** avec les élèves ou discussions portant sur l'apprentissage. Lorsque les indications proviennent de ces trois sources sur une période de temps suffisante, des tendances et des modèles se dessinent, et la fiabilité et la validité de notre évaluation en classe s'améliorent. Ce procédé a été nommé *triangulation* (Lincoln et Guba, 1984).

Observer l'apprentissage

Les indications que vous rassemblerez doivent inclure les observations que vous faites pendant que les élèves apprennent. Toute observation consignée peut servir d'indication.

Vous pouvez observer les présentations plus ou moins structurées, les dramatisations, la méthode scientifique utilisée, les activités liées à la musique, la lecture à voix haute, les activités à deux ou en équipe, les échanges entre élèves sur leur travail, la préparation et la conception d'une page Web ; la capacité de persuasion, d'exprimer ses opinions, de suivre des directives, d'écouter les autres, de débattre, de faire des prédictions et de mesurer des objets ; les charades, la danse, l'expression d'idées au sein d'un petit groupe, la résolution de conflits, les discussions, la façon de donner et de recevoir une rétroaction descriptive, le travail à deux ou en équipe, l'aptitude à reconnaître les sons, les jeux de rythmes, les bandes dessinées, l'habileté à jouer des instruments, les mots cachés, les démonstrations, l'acquisition d'habiletés, les exercices et les mouvements, l'habileté démontrée au clavier, l'expression corporelle, la pantomime, la reconstitution d'un événement ou d'un récit, les exercices de gymnastique, le langage par signes, la conception graphique,

Figure 5.1 La triangulation

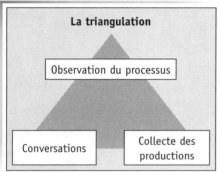

Fiabilité : le mot-clé est récurrence — les élèves produisent le même type de résultats à différents moments.

Validité : le mot-clé est correspondance — à quel point les preuves provenant de différentes sources correspondent-elles aux niveaux indiqués par les normes ou objectifs d'apprentissage ?

Figure 5.2 Les critères de résolution de problèmes

> *Critères de résolution de problèmes*
>
> [S] tratégie
> (décider de la stratégie à utiliser pour résoudre le problème)
>
> [O] rganisation des éléments d'information
> (De quels éléments d'information aurai-je besoin, et comment vais-je les organiser?)
>
> [L] ibeller son travail
> (exemples : 67 kilogrammes ou 23 secondes)
>
> [V] érifier
> (réviser le problème et s'assurer d'avoir une réponse qui a du sens)
>
> [E] xpliquer
> (expliquer ses réflexions et de quelle façon on a obtenu la réponse)

les simulations et les débats; l'aptitude à répondre aux questions, à présenter son travail, à donner des directives, à chanter, à raconter des histoires et à faire un raisonnement abstrait; les sculptures, la lecture à l'unisson, les conversations et dialogues, la lecture dramatique, les descriptions orales, les comédies, le théâtre de marionnettes, la lecture théâtrale, les rappels d'une histoire, la compréhension du symbolisme, l'enseignement, la présentation d'un diaporama, les jeux de rôles et les explications et directives verbales. Cette liste peut inclure tout ce que l'enseignant observe chez les élèves ou tout ce qu'il leur demande de faire.

Pour que votre processus d'évaluation en classe vous donne des évaluations sommatives valables et fiables, les observations ont un caractère essentiel. Certains types d'apprentissage ne peuvent être qu'observés, et ces observations sont nécessaires pour assurer la triangulation dans la collecte de vos preuves d'apprentissage. Par exemple, certains élèves sont plus aptes à montrer ce qu'ils savent faire en l'appliquant. Comme ils peuvent rarement démontrer leurs capacités par l'écriture, ces types d'apprenants « actifs » et les plus jeunes enfants doivent être évalués au moyen d'observations. De plus, les productions « en cours d'achèvement » offrent l'occasion aux enseignants d'observer l'apprentissage des élèves. Sans preuves d'apprentissage issues d'observations, les évaluations sommatives et les bulletins risquent d'être moins valables.

Les enseignants ont différentes façons de noter leurs observations. Celles-ci doivent être précises afin que l'information notée se rapporte à la description de ce que l'élève doit apprendre. Habituellement, il ne suffit pas d'observer qu'un élève a terminé son travail en mathématiques. Il faut plutôt observer quelle habileté a été mise en pratique lors du travail et quel niveau d'habileté l'élève a alors démontré, et peut-être déterminer les prochaines étapes de son apprentissage. Par exemple, si un élève fait une addition à deux chiffres, vous pouvez observer et noter le degré de difficulté des opérations choisies par l'élève : une addition avec ou sans retenue, par exemple. Ces observations peuvent vous servir avec vos groupes d'élèves le lendemain, ou vous aider à déterminer le sujet de votre mini-leçon de mathématiques et les activités du jour suivant. Ces mêmes observations feront partie des preuves d'apprentissage que vous examinerez quand vous évaluerez les progrès des élèves en mathématiques.

Le point de mire de vos observations dépend du but de l'activité. Si vous pouvez répondre aux questions suivantes, vous êtes sur la bonne voie pour faire des observations ciblées qui seront utiles pour préparer les activités d'apprentissage ultérieures et formeront une partie de votre évaluation au cours de l'étape.

- Quelle est l'intention de l'activité d'apprentissage? Que doivent apprendre mes élèves?
- Sur quel aspect vais-je concentrer mon observation?
- Comment noter et organiser mes observations pour qu'elles soient le plus utiles possible?

41

**Figure 5.3 Différentes façons de montrer
ce que nous savons**

Différentes façons de montrer ce que nous savons...

- tracer un diagramme
- faire une ligne du temps
- concevoir une affiche
- écrire une histoire
- faire une présentation orale
- écrire un poème
- construire un modèle
- concevoir une page Web
- concevoir un casse-tête
- concevoir un vidéo
- concevoir un film
- concevoir un fichier balado

- faire un enregistrement
- concevoir un t-shirt
- faire un compte rendu
- composer une chanson
- faire un collage
- présenter un diorama
- écrire une pièce de théâtre
- écrire une page de journal
- présenter un spectacle de marionnettes

La collecte des productions des élèves

Les enseignants collectent plusieurs types de productions pour montrer ce que les élèves peuvent faire. Cela peut inclure des projets, des devoirs, des carnets de notes ou des copies d'examens. Quand les enseignants sont mieux informés sur les implications des théories de l'intelligence (Gardner 1984 ; Levine 1993 ; Sternberg 1996), ils diversifient davantage les moyens par lesquels les élèves peuvent montrer ou représenter leurs connaissances ou habiletés. Par exemple, si on demande à un élève de représenter ce qu'il sait par le seul moyen de l'écriture, il pourra en être incapable, en raison de son manque d'habileté dans ce domaine. Par contre, si on lui demande de démontrer ce qu'il sait au moyen d'une action ou d'une présentation orale, ses connaissances et habiletés pourront se manifester plus facilement.

De plus en plus d'enseignants donnent aux élèves le choix de la forme de leurs productions. Certains dressent une liste d'idées avec leurs élèves. La liste s'allonge graduellement alors que les élèves apprennent de nouvelles façons de représenter leurs productions.

Les conversations axées sur l'apprentissage

Nous sommes à l'écoute des apprenants durant les réunions de la classe, lors de nos rencontres individuelles ou en groupe, ou quand nous lisons les réflexions notées par les élèves à propos de leur travail. Nous avons aussi l'occasion de les écouter lorsque les élèves se donnent des rétroactions descriptives spécifiques en lien avec les critères, analysent leurs échantillons de travaux dans leur portfolio, ou se préparent à informer leurs parents au sujet de leur apprentissage.

Quand nous écoutons les élèves dans ces différentes occasions, nous les invitons à réfléchir à leur apprentissage. Lorsqu'ils réfléchissent et s'expliquent, nous pouvons rassembler des preuves d'apprentissage sur ce qu'ils connaissent et comprennent. Nous pouvons découvrir ce qu'ils ont réalisé ou créé — leurs meilleurs efforts, ce qui était facile ou difficile, ce qu'ils feraient peut-être différemment la prochaine fois, et les risques qu'ils prennent en tant qu'apprenants. Les élèves apprennent davantage quand nous prenons le temps de les impliquer dans une réflexion en lien avec les critères (Black et Wiliam, 1998 ; Young, 2000). La capacité de manifester clairement leur processus d'apprentissage — comme dans une réaction à une lecture, ou dans la résolution d'un problème de mathématiques — est devenue un aspect de plus en plus important de l'évaluation en classe et de l'évaluation sommative.

Ces conversations supposent d'écouter ce que les élèves ont à dire, ou de prendre connaissance de ce qu'ils ont noté sur leur apprentissage. L'échange peut avoir lieu «en personne» ou par écrit.

> «Je ne peux dire à quel point j'ai été impressionnée par la clarté et la précision que mes élèves ont démontrées une fois que j'ai établi des critères, et que je les ai poussés à réfléchir et à développer des portfolios illustrant leurs objectifs d'apprentissage.»
>
> Holly Tornrose, enseignante d'anglais, niveau secondaire

Concevoir un plan

Afin de vous assurer d'avoir un nombre suffisant de preuves d'apprentissage pertinentes, fiables et valables, une certaine planification s'avère nécessaire. Dans notre travail d'enseignants, nous nous assurons de cette fiabilité et de cette validité en collectant des preuves d'apprentissage provenant de sources diverses, sur une assez longue période de temps. Nous veillons aussi à obtenir un vaste éventail d'indications — d'ordre qualitatif et quantitatif. Nous vérifions les preuves d'apprentissage à collecter en les comparants aux normes du programme d'étude visé. Nous considérons l'objectif d'apprentissage et le comparons aux preuves collectées en nous demandant : «Y a-t-il des écarts? Des chevauchements? Mes preuves d'apprentissage proviennent-elles de sources variées?».

Combien de preuves d'apprentissage faut-il rassembler?

On ne peut répondre avec précision à cette question. La quantité des preuves d'apprentissage requises pour planifier efficacement l'enseignement quotidien varie d'un enseignant à l'autre selon le sujet, l'enseignant, les élèves et la communauté à l'intérieur de laquelle ils apprennent. Chaque enseignant doit déterminer la quantité de preuves d'apprentissage qui convient à sa situation, en tenant compte de ce que les élèves sont en train d'apprendre.

Dites-vous que vous devez avoir assez de preuves d'apprentissage pour être en mesure de reconnaître les tendances et les fréquences dans l'apprentissage de l'élève. Pour ce faire, il vous faut des productions de l'élève (la preuve d'apprentissage) qui rendent pleinement compte de ce qui doit être appris. Les preuves d'apprentissage doivent ainsi nécessairement rendre compte de l'apprentissage au fil du temps.

Il faut faire attention...

Soyez conscient de l'importante différence entre une évaluation sommative à grande échelle et une évaluation en classe au quotidien. Une évaluation sommative à grande échelle a deux fonctions : permettre au système d'être redevable (*Utilisons-nous au mieux nos ressources ?*) et reconnaître les tendances (*Les élèves progressent-ils ? Qu'apprennent-ils ? Le font-ils bien ?*). Pour ce faire, il suffit de collecter une petite quantité d'information provenant d'un grand nombre d'élèves. Ces évaluations sommatives sont conçues pour rendre compte de ce que les élèves savent et peuvent faire, et de leur capacité à s'exprimer clairement, en lien avec ce qui doit être appris. Dans ce type d'évaluation, on ne collecte pas suffisamment d'information pour obtenir une image claire et complète de tout ce que savent et peuvent faire les élèves à un moment particulier, en regard de toutes les normes ou objectifs d'apprentissage qu'ils doivent atteindre. Les évaluations sommatives à grande échelle peuvent seulement donner un *aperçu* d'une *partie* de l'apprentissage. Elles sont plutôt conçues pour décrire ce que des groupes d'élèves peuvent faire.

L'évaluation *en classe* au quotidien est très différente. Les enseignants et les élèves collectent une grande quantité d'indications provenant de sources diverses et sur une longue période de temps. Ce type d'évaluation est conçu pour rendre compte de tout ce qui doit être appris par les élèves, individuellement. Quand elle est bien faite, elle trace un portrait plus précis et plus fiable de l'apprentissage de l'élève.

Comment savoir si mes preuves d'apprentissage sont fiables et valables ?

Figure 5.4a La collecte des preuves d'apprentissage

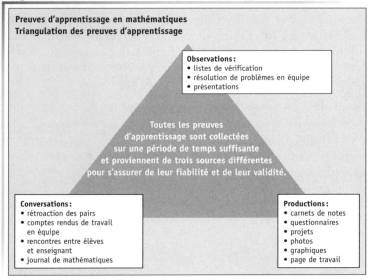

Preuves d'apprentissage en mathématiques
Triangulation des preuves d'apprentissage

Observations :
• listes de vérification
• résolution de problèmes en équipe
• présentations

Toutes les preuves d'apprentissage sont collectées sur une période de temps suffisante et proviennent de trois sources différentes pour s'assurer de leur fiabilité et de leur validité.

Conversations :
• rétroaction des pairs
• comptes rendus de travail en équipe
• rencontres entre élèves et enseignant
• journal de mathématiques

Productions :
• carnets de notes
• questionnaires
• projets
• photos
• graphiques
• page de travail

Les preuves d'apprentissage peuvent comprendre des observations, des productions et des conversations. Les preuves d'apprentissage recueillies auprès des élèves doivent être appropriées au type d'apprentissage. Par exemple, on peut se contenter de papier et de crayons pour évaluer des connaissances de base, mais cela ne convient pas à l'évaluation de présentations orales. Faire le tri entre les différents types de preuves d'apprentissage requises pour démontrer divers types d'apprentissage est une étape nécessaire dans la planification de la collecte. Si votre indication est obtenue par triangulation, vous utilisez probablement différentes techniques pour rassembler les preuves d'apprentissage au fil du temps. C'est la clé pour rassembler des preuves d'apprentissage pertinentes et équilibrées. Vous seul pouvez déterminer si la preuve rend compte des résultats d'apprentissage de manière satisfaisante.

Comment faire en sorte que les indications contribuent à la fiabilité de mes évaluations ?

Figure 5.4b La triangulation des preuves d'apprentissage — langue française, premier cycle du secondaire

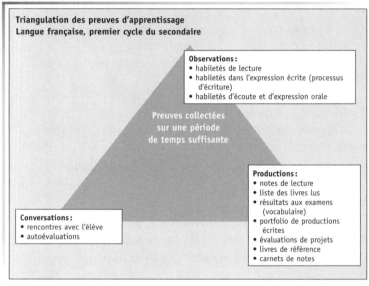

Triangulation des preuves d'apprentissage
Langue française, premier cycle du secondaire

Observations :
• habiletés de lecture
• habiletés dans l'expression écrite (processus d'écriture)
• habiletés d'écoute et d'expression orale

Preuves collectées sur une période de temps suffisante

Productions :
• notes de lecture
• liste des livres lus
• résultats aux examens (vocabulaire)
• portfolio de productions écrites
• évaluations de projets
• livres de référence
• carnets de notes

Conversations :
• rencontres avec l'élève
• autoévaluations

Si vous avez recueilli assez de preuves d'apprentissage pertinentes et travaillé en collaboration avec vos collègues pour améliorer votre jugement professionnel, vous pouvez être sûrs que vos évaluations sommatives seront fiables et adéquates. En général, la confiance augmente lorsqu'il y a un vaste éventail de preuves d'apprentissage et qu'elles couvrent une assez longue période de temps.

Rappelez-vous que tout ce que les élèves font, disent et créent peut devenir une preuve d'apprentissage. Essayez de donner plus de rétroaction formative — spécifique et descriptive — et de réduire la quantité d'évaluations sommatives. Souvenez-vous : nous pouvons entraver l'apprentissage en donnant trop souvent des rétroactions issues d'une évaluation sommative alors que l'évaluation formative — avec rétroaction spécifique et descriptive — peut guider l'enseignement et favoriser l'apprentissage.

Quand vous serez prêt à évaluer et à consigner le rendement de vos élèves par rapport aux objectifs d'apprentissage, il vous faudra d'abord réviser la description de cet apprentissage, vérifier la pertinence des preuves collectées et, à l'aide des observations, productions et conversations, répondre à ces questions : « Cet élève a-t-il appris ce qu'il devait apprendre ? L'a-t-il bien appris ? ». Afin de procéder à une évaluation, nous pouvons analyser différents ensembles de preuves d'apprentissage pour différents élèves.

Nous reviendrons sur cette question au chapitre 10 (*page 85*), mais il est important d'utiliser les preuves d'apprentissage collectées pour chaque élève, et de les comparer aux résultats et attentes en matière d'apprentissage. Dans un système d'évaluation normative, nous devons considérer chacun des apprentissages de l'élève et les mesurer aux attentes pour cette matière et ce niveau scolaire. Pendant que nos commentaires verbaux ou écrits peuvent souligner le progrès réalisé par l'élève, l'évaluation doit refléter son degré de réussite en regard des normes relatives à cette matière et au niveau scolaire de l'élève.

Nous ne pouvons jamais planifier
totalement nos voyages, même
avec les meilleures cartes
et les meilleurs instruments.

Traduction libre de Gail Pool

Éclairer notre propre apprentissage

Pour vous préparer à rassembler vos preuves d'apprentissage, repensez à ce que les élèves doivent apprendre, à ce qu'ils doivent être capables de faire et d'exprimer clairement (*voir* «Éclairer notre propre apprentissage», page 27 du chapitre 3).

Pensez aux preuves d'apprentissage que vous et vos élèves serez en mesure de recueillir. Considérez les observations, les productions et les conversations. Dressez l'inventaire de toutes les preuves d'apprentissage liées aux objectifs d'apprentissage.

Quand vous aurez terminé, révisez votre inventaire et demandez-vous :

- Mes preuves d'apprentissage montrent-elles si l'élève a appris ou n'a pas appris ce qu'il devait apprendre ?
- Y a-t-il des preuves d'apprentissage dont je ne peux me porter responsable ?
- Ai-je rassemblé des preuves d'apprentissage provenant de sources diverses ?
- Ai-je assez de preuves d'apprentissage pour discerner les tendances au fil du temps ?
- Ai-je rassemblé trop de preuves d'apprentissage ? Y a-t-il des types de preuves d'apprentissage que je peux cesser de recueillir ?
- Comment mes élèves peuvent-ils participer à la collecte et à l'organisation des preuves d'apprentissage ?

Faites voir votre ébauche à un collègue en qui vous avez confiance. Demandez-lui s'il pense que vous avez oublié quelque chose, ou s'il y a, à son avis, quelque chose de trop. Tenez compte de ses suggestions, mais prenez vous-même la décision.

Quand nous partageons la responsabilité de la première ébauche, tout le monde en profite — nous améliorons notre travail et y faisons davantage confiance. Discutez de votre liste de preuves d'apprentissage avec les autres. Partagez vos listes. Invitez les autres à vous faire part de leurs propres travaux. Après avoir achevé le processus dans un domaine précis, faites de même dans les autres domaines ou matières dont vous avez la charge.

Éclairer l'apprentissage des élèves

Incitez les élèves à viser la réussite en leur demandant de relever toutes les preuves d'apprentissage qui démontrent l'atteinte des objectifs. Dites-leur de considérer non seulement ce dont *vous* avez besoin comme preuves, mais aussi ce que *les autres* (les parents, employeurs, autres institutions) pourraient exiger comme preuves. Faites une liste commune de toutes les preuves d'apprentissage possibles en lien avec l'objectif. Rappelez aux élèves qu'une preuve d'apprentissage ne montre qu'un aspect et une partie de ce qu'ils ont appris, et ne peut jamais en donner une idée d'ensemble.

Impliquer les élèves dans l'évaluation formative

Les bonnes pratiques d'évaluation sont interchangeables avec les bonnes pratiques d'enseignement

Traduction libre de Lorrie Shepard

L'évaluation formative

«Aimeriez-vous travailler avec des apprenants enthousiastes et engagés ?», «Aimeriez-vous que vos élèves s'efforcent de produire un travail de qualité ?», «Souhaitez-vous qu'ils apprennent davantage et réussissent mieux ?» Les recherches ne laissent place à aucun doute : quand les élèves s'impliquent dans le processus d'évaluation en classe, ils s'engagent plus activement dans le processus d'apprentissage. Les enseignants constatent que ces six stratégies aident à créer un environnement scolaire où l'apprentissage est la priorité :

1. Impliquer les élèves dans l'établissement et l'utilisation des critères
2. Inciter les élèves à réfléchir aux critères
3. Augmenter les sources de rétroactions descriptives et spécifiques
4. Aider les élèves à se fixer des objectifs
5. Faire participer les élèves à la collecte de preuves d'apprentissage correspondant aux normes
6. Demander aux élèves de présenter des preuves de leur apprentissage correspondant aux normes

Impliquer les élèves dans l'établissement et l'utilisation des critères

Quand nous demandons aux élèves ce qu'ils jugent important dans la conception d'une carte, la rédaction d'un texte ou lors d'une présentation devant un petit groupe, nous leur offrons l'occasion de partager leurs idées. Quand les enseignants impliquent les élèves dans l'établissement des critères, ils sont mieux renseignés sur ce que les élèves savent, et les élèves ont de meilleures chances de comprendre ce qui est important dans leur apprentissage. Gregory et ses collaborateurs (1997) distinguent quatre étapes dans ce processus :

1. Soumettre des idées dans une séance de remue-méninges
2. Regrouper les idées parentes en catégories
3. Concevoir et afficher un diagramme en T
4. Se référer aux critères pour orienter l'apprentissage

Ce processus favorise l'implication et l'engagement des élèves puisqu'il les incite à s'approprier leur apprentissage. Il aide en outre les enseignants à déterminer les besoins de leur groupe et à déterminer les prochaines étapes de leur enseignement. Phil enseigne au secondaire avec des élèves qui éprouvent des difficultés. Il utilise cette démarche pour préciser les termes d'une entente ayant trait au comportement des élèves entre eux et au regard de leur apprentissage. Lisa, qui enseigne au niveau préscolaire, utilise ce processus au tout début de l'année afin d'aider les élèves à comprendre ce qui est important durant l'heure du repas. Debbie enseigne dans une classe de premier cycle du secondaire et tous ses élèves ont un ordinateur portatif. Elle leur demande de discuter des idées importantes durant la présentation d'un diaporama. Réfléchissez aux façons dont vous et vos collègues pouvez tirer profit du même processus.

Inciter les élèves à réfléchir aux critères

Les réflexions portant sur les critères établis avec les élèves donnent à ces derniers l'occasion d'assimiler et d'apprendre. En incitant leurs élèves à la réflexion, les enseignants leur donnent le temps et la possibilité :

- d'assimiler — pour apprendre — durant l'enseignement
- de se donner mutuellement des rétroactions
- d'opérer la transition entre deux activités ou deux classes

Les réflexions fréquentes permettent de maintenir la concentration sur l'apprentissage. Les enseignants ont l'occasion de découvrir ce que pensent les élèves et le type de compréhension qu'ils développent. Cela leur permet également d'être à l'écoute de leurs élèves et d'utiliser leurs idées comme tremplins dans leurs leçons. La réflexion aide à montrer aux élèves comment s'autoréguler, surtout quand elle est balisée par des critères précis, des exemples ou des modèles. Les élèves qui s'autorégulent développent et mettent en pratique des habiletés qui s'avèrent essentielles tout au long de leur vie d'apprenant.

Figure 6.1 Établir les critères et s'en servir avec les élèves

1. Soumettre des idées dans une séance de remue-méninges

> Qu'est-ce qui est important dans un compte rendu et une affiche de qualité ?
> — la production de sens
> — avoir un début, un milieu et une fin
> — la propreté
> — des renseignements intéressants
> — la division du texte en paragraphes
> — les alinéas
> — l'emploi de termes descriptifs
> — la ponctuation
> — l'emploi de majuscules
> — soigner l'orthographe
> — ajouter une touche d'humour, de drame, d'émotion
> — capter l'attention du lecteur
> — ajouter des détails
> — se rappeler à qui l'on s'adresse

2. Regrouper les idées parentes en catégories

> Qu'est-ce qui est important dans un compte rendu et une affiche de qualité ?
> ☆ — la production de sens
> ☆ — avoir un début, un milieu et une fin
> ☆ — la propreté
> — des renseignements intéressants
> — la division du texte en paragraphes
> — les alinéas
> — l'emploi de termes descriptifs
> — la ponctuation
> — l'emploi de majuscules
> ☆ — soigner l'orthographe
> ☆ — ajouter une touche d'humour, de drame, d'émotion
> — capter l'attention du lecteur
> — ajouter des détails
> — se rappeler à qui l'on s'adresse

3. Concevoir et afficher un diagramme en T

Critères de qualité d'un compte rendu ou d'une affiche de qualité	Descriptions/détails
intéresser le lecteur	— des renseignements intéressants — l'emploi de termes descriptifs — ajouter une touche d'humour, de drame, d'émotion — capter l'attention du lecteur — ajouter des détails — se rappeler à qui l'on s'adresse
texte facile à suivre	— la production de sens — avoir un début, un milieu et une fin — la division du texte en paragraphes — soigner l'orthographe — la propreté
facile à lire	— la propreté — la division du texte en paragraphes — la ponctuation — l'emploi de majuscules — soigner l'orthographe — se rappeler à qui l'on s'adresse

4. Se référer aux critères pour orienter l'apprentissage

Critères de qualité d'un compte rendu ou d'une affiche de qualité	Descriptions/détails
intéresser le lecteur	— des renseignements intéressants — l'emploi de termes descriptifs — ajouter une touche d'humour, de drame, d'émotion — capter l'attention du lecteur — ajouter des détails — se rappeler à qui l'on s'adresse — les couleurs aident le lecteur à saisir les choses importantes
texte facile à suivre	— la production de sens — avoir un début, un milieu et une fin — la division du texte en paragraphes — soigner l'orthographe — la propreté — l'affiche doit présenter des liens avec le texte
facile à lire	— la propreté — la division du texte en paragraphes — la ponctuation — l'emploi de majuscules — soigner l'orthographe — se rappeler à qui l'on s'adresse — utiliser de gros caractères (doivent être facilement visibles)

Figure 6.2 Fiche d'autoévaluation

| Que suis-je prêt à faire pour connaître du succès cette année ? | Quels sont les obstacles à franchir ? |

Nom

| Sur quelle aide puis-je compter ? | Vous, l'enseignant, pouvez m'aider en… |

Figure 6.3 Présentation finale

Ton nom : _____
Date : _____

Présentation finale
Réflexions personnelles

Réponds aux questions suivantes en quelques phrases.

1. Peux-tu nommer une qualité qui ressort de ta façon de présenter ton projet d'affiche (par exemple, l'observation d'un des critères sur lesquels votre groupe s'est concentré, ou une autre qualité d'une bonne présentation orale) ?

   Je pense que ma voix était très claire et forte.
   C'est important dans une présentation, car les gens doivent pouvoir vous entendre lors de votre présentation.

2. Peux-tu indiquer un aspect que tu devrais améliorer en vue de ta prochaine présentation (par exemple, l'observation d'un des critères sur lesquels votre groupe s'est concentré, ou une autre qualité d'une bonne présentation orale) ?

   Je pense que je devrais améliorer les éléments visuels, car ils sont importants.

3. Que feras-tu pour mettre en pratique ou développer cet aspect ?

   M'exercer à dessiner.

Augmenter les sources de rétroactions descriptives et spécifiques

Plus les élèves reçoivent des rétroactions descriptives et spécifiques durant leur apprentissage, plus ils peuvent apprendre. Les enseignants qui veulent que tous leurs élèves réussissent utilisent des stratégies d'enseignement qui facilitent les rétroactions chez l'élève et entre les élèves. Un des moyens utilisés consiste à impliquer les élèves dans la détermination des critères, de sorte qu'ils puissent se donner eux-mêmes une rétroaction en regard de ces critères au cours de leur apprentissage. Quand les critères, si clairs soient-ils, sont imposés par l'enseignant, ils ne sont pas aussi efficaces que lorsque les élèves les ont développés dans leurs propres mots.

Un autre moyen d'augmenter les occasions de rétroaction est d'utiliser des modèles, des exemples ou des échantillons de travaux, d'analyser leurs caractéristiques principales *avec* les élèves, afin de mettre en évidence les clés de la réussite, et de demander aux élèves d'utiliser ces modèles, exemples ou échantillons de travaux pour atteindre la meilleure qualité possible. Parfois, les enseignants présentent certaines caractéristiques de travaux par des exemples qui illustrent un cheminement vers la qualité ; en d'autres occasions, ils ne montrent que des travaux illustrant l'atteinte de l'objectif d'apprentissage souhaité. Dans cet exercice, la décision dépend de l'intention de l'enseignant. Par exemple, de nombreux exemples sont requis pour illustrer la qualité dans l'écriture, car dans chaque classe, les élèves se situent à divers stades de développement et ont besoin de voir des échantillons qui se rapprochent de leurs habiletés. Par contre, un enseignant peut n'utiliser qu'un seul exemple de travail exceptionnel en sciences, car l'objectif est plus facile à cibler et doit être très clair afin que tous les élèves puissent réussir.

Un dernier moyen consiste à leur demander de se donner entre eux des rétroactions spécifiques et descriptives en lien avec les critères et les modèles. La qualité des rétroactions augmente lorsque ces dernières portent sur des critères précis, des modèles ou des exemples. En plus d'augmenter la qualité et le rythme d'apprentissage des élèves, cela peut contribuer à réduire le temps requis pour la notation.

Figure 6.4 La rétroaction des parents

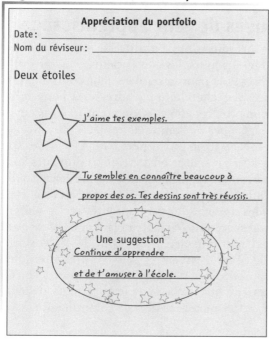

Appréciation du portfolio

Date : _____

Nom du réviseur : _____

Deux étoiles

J'aime tes exemples.

Tu sembles en connaître beaucoup à propos des os. Tes dessins sont très réussis.

Une suggestion
Continue d'apprendre et de t'amuser à l'école.

Figure 6.5 Se fixer des objectifs

Se fixer des objectifs
6ᵉ année

Matière : *orthographe*   Enseignant : _____

Objectif : *améliorer mon orthographe dans les travaux quotidiens. Atteindre 90 % de précision dans toutes mes productions écrites.*

Preuves : *montrer ce que j'ai écrit dans mon journal et dans toutes les matières*

Matière : *lecture*   Enseignant : _____

Objectif : *lire quatre livres cette année*

Preuves : *présenter un compte rendu de chaque livre*

Matière : *informatique*   Enseignant : _____

Objectif : *taper 34 mots à la minute Tap'Touche*

Preuves : *inscrire le niveau où l'élève se situe dans le programme*

Aider les élèves à se fixer des objectifs

Les recherches sur le cerveau indiquent que lorsqu'on s'approche d'un objectif, une partie du cerveau associée à la motivation est stimulée. Que vous consultiez l'étude maintes fois citée de Yale, qui rapporte que les élèves qui notent leurs objectifs par écrit ont de bien meilleures chances de les atteindre, ou les nombreuses études portant sur la condition physique, la perte de poids ou les changements d'habitudes de vie, vous verrez qu'elles tendent toutes à corroborer le fait que l'établissement d'objectifs joue un rôle important. Les recherches de Csikszentmihaly (1993) l'ont amené à écrire : « […] la progression se produit habituellement lorsque les objectifs qu'une personne cherche à atteindre sont clairs, et qu'elle reçoit une rétroaction sans ambiguïté sur la qualité de son travail. » Les objectifs aident à la concentration et fournissent l'énergie consacrée à l'apprentissage. Les enseignants qui côtoient des élèves savent que les objectifs deviennent plus accessibles et réalisables lorsque des critères précis et des exemples pertinents leur montrent les formes que la qualité peut prendre. Il peut s'agir d'objectifs à court terme qui indiquent les prochaines étapes à suivre dans l'apprentissage. Il peut aussi s'agir d'objectifs à plus long terme qui se rapportent à la qualité du travail — et aux preuves d'apprentissage — au cours d'une étape ou d'une année.

Faire participer les élèves à la collecte de preuves d'apprentissage

À partir du moment où les élèves savent ce qu'ils doivent apprendre et qu'ils connaissent les caractéristiques d'un travail de qualité, ils disposent de suffisamment d'information pour superviser leur cheminement vers la réussite. Quand ils collectent et organisent eux-mêmes leurs preuves d'apprentissage, en y réfléchissant et en les présentant aux autres, ils acquièrent des habiletés qui augmentent leur responsabilité à cet égard. Les enseignants peuvent encourager les élèves à rassembler leurs preuves de différentes façons allant des présentations en ligne aux portfolios bien structurés. Une fois de plus, quand les objectifs d'apprentissage sont clairs et que les élèves ont participé activement en suggérant différents types de preuves d'apprentissage, il leur est plus facile de choisir les éléments qui démontreront leur apprentissage.

Figure 6.6 Comment ai-je réussi ?

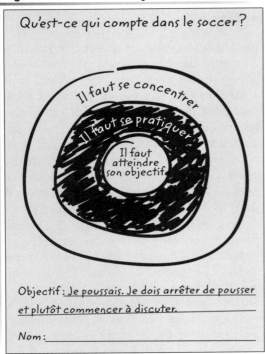

Qu'est-ce qui compte dans le soccer ?

Il faut se concentrer

Il faut se pratiquer

Il faut atteindre son objectif

Objectif : _Je poussais. Je dois arrêter de pousser et plutôt commencer à discuter._

Nom : _____

Demander aux élèves de présenter des preuves de leur apprentissage

Dans toute présentation, l'auditoire est un facteur important. De nos jours, les élèves peuvent avoir différents auditoires, à la maison ou dans leur communauté. Comme les écoles cherchent à s'adresser à l'ensemble de la communauté, les élèves présentent leurs preuves d'apprentissage à des personnes de milieux plus diversifiés, que ce soit en ligne ou en personne. Les élèves qui apprennent à se présenter en tant qu'apprenants sont mieux préparés pour impliquer et informer leur famille et leur communauté. Les élèves qui savent qu'ils auront à présenter des preuves de leur apprentissage se sentent souvent plus responsables en rassemblant et en organisant ces preuves d'apprentissage. Après tout, les élèves sont conscients de ce qu'ils savent et peuvent présenter leurs preuves d'apprentissage d'une manière adaptée à ceux à qui ils s'adressent, qu'il s'agisse de leurs parents, de leurs pairs ou des autres membres de leur communauté.

Figure 6.7 Exemple de lecture

Voici un exemple de mes lectures

Je suis un bon lecteur car :

☆ _Je regarde les mots avant et après un mot nouveau pour pouvoir le comprendre._

☆ _Je me demande si la phrase que j'ai lue a du sens._

☆ _Je regarde la page couverture et le titre avant de commencer à lire pour faire des hypothèses sur le contenu._

Titre du livre : _Le joueur de flûte de Hamelin_
Auteur : _Les frères Grimm_

Apporte un livre.

Lis le livre en situation de lecture autonome.

Arrête au besoin et utilise des stratégies de lecture.

Prépare ta lecture.

Le joueur de flûte de Hamelin
Il était une fois, il y a de cela très longtemps, une ville d'Allemagne du nom de Hamelin. Les gens y vivaient paisiblement, jusqu'à ce qu'une nuit, des rats venus d'on ne sait où, envahirent la ville. Au matin, lorsque les habitants se réveillèrent, la ville était infestée par des milliers de rats. Tous les moyens furent tentés pour se débarrasser des rongeurs, mais en vain. Un beau jour, un troubadour, tout de loques vêtu, arriva dans la ville et déclara qu'il serait capable de débarrasser la ville de ce fléau.

Signature : _____
Date : _____

Figure 6.8a La présentation de preuves

Je vous remercie d'être venus cet après-midi.
Ce serait bien d'adresser deux compliments à votre enfant, de même qu'une suggestion pour une amélioration.

Cher... _____

Aujourd'hui, j'ai vraiment aimé :

1. _____

2. _____

Voici une suggestion :

_____

_____
Signature

Figure 6.8b Portfolio scolaire

Portfolio scolaire

Conçu par : _____

Table des matières

I.   Connaissances acquises : Les échantillons de travail de cette pochette illustrent les connaissances des faits connus par l'élève dans les matières indiquées.

II.   Recherche et résolution de problèmes (raisonnement) : Les échantillons de travail de cette pochette illustrent la capacité de l'élève à appliquer ses connaissances et ses habiletés à de nouvelles situations.

III.   Habiletés et technologies : Les échantillons de travail de cette pochette illustrent la capacité de l'élève à appliquer certaines habiletés dans la matière indiquée et à utiliser les technologies.

IV.   Observations : Les documents contenus dans cette pochette sont des observations faites par l'enseignant, les pairs et moi-même.

V.   Amélioration : Les échantillons de cette pochette illustrent l'amélioration au fil du temps, et observée en classe.

VI.   Ensemble (travail d'équipe) : Les échantillons de cette pochette sont des travaux faits en équipe.

VII. Favoris : Les échantillons de cette pochette illustrent les productions ou activités préférées de l'élève.

VIII. Photos/formulaires de rétroaction : Les documents contenus dans cette pochette sont des photos de l'élève en classe et des formulaires de rétroaction et d'autoévaluation.

Nous pouvons en dire un peu plus. Quand nous le faisons, nous cessons de prétendre que la performance ou l'intelligence globale d'un élève peut se résumer à un chiffre.

Traduction libre de Peter Elbow

Si vous songez à raffiner et à renouveler vos pratiques d'évaluation en classe, ne vous laissez pas tromper par la simplicité apparente de l'implication des élèves dans l'évaluation formative. Les idées en elles-mêmes sont simples, mais leur mise en œuvre dans nos classes peut prendre quelque temps. Soyez assuré que le temps consacré à améliorer l'évaluation en classe en engageant les élèves dans le processus sera très profitable sur les plans de l'apprentissage et de la réussite des élèves.

Demeurer concentré sur un sujet, c'est comme garder un navire dans la bonne voie ; cela implique de changer constamment de position, tout en gardant la même direction.

Traduction libre de John Dewey

Éclairer notre propre apprentissage

Réfléchissez à l'évaluation dans votre classe.

- Comment aide-t-elle l'enseignement ?

- Comment impliquez-vous les élèves dans ce processus ?

- Qu'y a-t-il de similaire entre ce que vous faites et les idées exprimées dans ce chapitre ?

- Qu'y a-t-il de différent ?

Notez vos réflexions.

Profitez de votre cercle de collègues pour partager des idées et des stratégies qui fonctionnent. Les cercles d'apprentissage permettent souvent aux élèves de se concentrer sur des notions liées aux thèmes suivants : leur implication dans la détermination des critères, la collecte des échantillons, l'incitation à se donner et à donner aux autres des rétroactions descriptives et spécifiques, la possibilité de trouver des moyens de recueillir et d'organiser les preuves d'apprentissage, et l'échange entre eux au sujet des preuves de leur apprentissage.

Éclairer l'apprentissage des élèves

Si vous vous apprêtez à impliquer les élèves dans le processus d'évaluation en classe, rappelez-vous qu'ils ont besoin de s'exercer à déterminer des critères, à se donner à eux-mêmes et aux autres des rétroactions spécifiques et descriptives, à collecter et à organiser les preuves de leur apprentissage et à partager avec les autres ces preuves d'apprentissage. Trouvez une bonne façon de commencer pour vous et vos élèves : vous pouvez, par exemple, redéfinir les critères d'un projet, d'une méthode ou d'un simple exercice en classe comme une meilleure organisation de leurs notes pour faciliter la rétroaction, le nettoyage de la classe ou la création d'une liste des prochaines choses à faire. Quand vous aurez déterminé ensemble les critères à respecter, les réflexions et les rétroactions envers soi-même et les pairs seront plus appropriées, mieux exprimées et plus pertinentes.

Utiliser l'évaluation formative pour éclairer l'enseignement

*Quand l'évaluation est faite dans
l'intérêt des enfants, elle améliore leur
capacité à voir et à comprendre
leur apprentissage par eux-mêmes,
à le juger par eux-mêmes et à agir
en conséquence.*

Traduction libre de Mary Jane Drummond

L'évaluation mène à un enseignement de qualité

Lorsqu'ils participent activement à l'évaluation formative, les élèves apprennent et comprennent mieux comment s'autoréguler dans leur cheminement vers la réussite. Cela permet d'établir de solides fondations pour l'apprentissage. Les exemples suivants illustrent les liens entre l'évaluation et l'apprentissage, et ce, pour des matières et des groupes d'âge différents.

Ranger et nettoyer la classe

Mme M a demandé à ses élèves du préscolaire de lui parler de ce qu'ils connaissaient au sujet du ménage, du nettoyage et du rangement. Les élèves lui ont dit qu'ils contribuaient parfois à faire le ménage ou qu'ils aidaient à nettoyer, à la maison ou au parc.

L'enseignante leur a expliqué que la classe aussi devait être bien rangée. Elle leur a demandé : «Quelles sont les choses importantes à faire, quand nous faisons le ménage de *notre classe?*». Les élèves ont répondu : «Ramasser les jouets, remettre les livres sur les tablettes, les vêtements dans les casiers de rangement et les marionnettes dans leur boîte, ramasser tous les papiers qui traînent par terre, suspendre les manteaux aux crochets, ranger la pâte à modeler, remettre les pièces de casse-tête dans leur boîte, les blocs dans la boîte de blocs, et les jouets du bac à sable dans le bac à sable. »

L'enseignante a noté toutes les réponses sur des bandes de papier. Elle a ensuite demandé : « En rangeant aujourd'hui, j'aimerais que vous notiez toutes les autres choses que vous faites. » Une fois le ménage terminé, elle leur a demandé ce qui leur semblait important quand ils rangeaient la classe. Un enfant a dit : « Tout le monde doit faire sa part. » Un autre a dit : « Il ne faut pas faire trop de bruit. » « Et il faut se dépêcher », a dit un troisième élève. « Oui, a ajouté un dernier élève ; sinon, nous allons manquer notre autobus. » L'enseignante a noté tous leurs commentaires.

Le lendemain, avant qu'ils commencent à ranger, elle leur a lu la liste de leurs commentaires. Une fois le ménage à moitié fait, elle a réuni les enfants et leur a dit : « Réfléchissons à notre façon de faire le ménage. Quand je lirai chacun des commentaires, levez le pouce en l'air si vous pensez que vous avez agi de cette façon. » Les élèves l'ont écoutée et ont levé le pouce à différents moments. Une fois sa lecture terminée, l'enseignante a montré le coin de peinture aux élèves et leur a demandé de penser à une chose qu'ils pourraient faire pour aider à nettoyer ce coin. Elle leur a aussi demandé de chuchoter cette chose à un ou une camarade de classe, et de retourner à leur tâche.

Quelques jours plus tard, la classe a de nouveau révisé la liste après avoir fait le ménage. L'enseignante a dit à ses élèves : « Nos cerveaux ont de la difficulté à se souvenir de toutes ces choses. Je pense que nous devrions les regrouper de cette façon. » Elle a regroupé les bandes de papier sous les catégories suivantes :

- penser et agir en toute **sécurité**
- travailler **ensemble**
- remettre chaque chose à sa **place**

Un aide-mémoire clé a été créé avec certains mots provenant des catégories formées : *sécurité, ensemble, place.* C'est devenu une routine quotidienne pour les élèves de réfléchir et de se donner mutuellement des rétroactions descriptives et spécifiques à la fin du ménage. L'enseignante demandait : « Avons-nous pensé et agi en toute sécurité ? Avons-nous travaillé ensemble ? Chaque chose est-elle à sa place ? »

Figure 7.1 Le ménage de la classe

Quelles sont les choses importantes à faire, quand nous rangeons notre classe ?

ramasser les jouets

remettre les livres sur les tablettes

replacer les vêtements dans les casiers de rangement

mettre les marionnettes dans leur boîte

ramasser tous les papiers qui traînent par terre

suspendre les manteaux aux crochets

ranger la pâte à modeler

remettre les pièces de casse-tête dans leur boîte

remettre les blocs dans la boîte de blocs

remettre les jouets du bac à sable dans le bac à sable

La lecture à voix haute pour un auditoire

M. F voulait que ses élèves des classes primaires se concentrent sur les stratégies de lecture orale. Il leur a d'abord demandé : « Qu'est-ce qui est important quand nous lisons à voix haute pour un partenaire ? ». Après en avoir discuté ensemble, les élèves ont dressé cette liste :

- La voix du lecteur doit être facile à entendre.
- Il doit nous montrer les images.
- Sa voix doit changer de ton.
- Si le texte comprend une question, il doit changer son intonation.
- Il doit lire avec expression.
- Il doit tenir le livre sans cacher son visage.
- Il doit d'abord s'exercer à lire le livre.
- En cas de difficulté, il peut interrompre la lecture et demander de l'aide.
- Il faut qu'il lise à quelqu'un à qui il veut lire.

Quand ses élèves font des ateliers de lecture et lisent à voix haute les passages qu'ils ont répétés, l'enseignant encourage les autres élèves à écouter et à complimenter le lecteur. Les compliments qu'ils adressent reflètent la performance du lecteur et ce que l'auditeur pense d'une bonne lecture orale. Les élèves font des commentaires de ce genre : « Tu étais très expressive. » « J'ai bien aimé quand tu as pris une voix grave pour lire la réplique du géant. » « J'ai aimé quand tu as fait une pause pour respirer, à la fin de la phrase ». Si le compliment n'est pas assez précis ou spécifique (« C'était bien, tu as bien lu... »), l'enseignant enchaîne en demandant : « Qu'est-ce qui était bien ? ». Il est vite devenu évident pour les élèves que leurs compliments devaient être précis et spécifiques, afin que la personne à qui ils s'adressaient sache exactement ce qu'elle avait fait de bien.

Après que les élèves se sont adressé des compliments à tour de rôle, l'enseignant leur a demandé s'ils avaient noté d'autres caractéristiques importantes d'une bonne lecture à voix haute. Un élève a dit que son père lui conseillait de faire une pause et de respirer à la fin d'une phrase. Les enfants en ont discuté et ont reconnu que c'était en effet ce qu'ils faisaient parfois. À la suite de cette discussion, l'enseignant a noté toutes les idées des élèves et a dressé une liste d'observations. Les élèves utilisaient la liste dans leurs séances de lecture avec un partenaire.

L'enseignant a distribué des copies de la liste aux élèves en leur expliquant comment s'en servir pour améliorer la lecture avec un ou une partenaire. Un élève lit pendant que l'autre l'écoute et note tout ce qu'il voit ou entend. Ils inversent ensuite les rôles.

Figure 7.2 La lecture à voix haute

Lecture à voix haute

Nom du lecteur : _____

Nom du partenaire : _____

En écoutant ton partenaire lire, note ce qu'il fait bien quand il lit devant les autres.

- ☐ La voix du lecteur est facile à entendre.
- ☐ Le lecteur montre les images.
- ☐ Sa voix change de ton.
- ☐ Si le texte comprend une question, son intonation change.
- ☐ Il lit avec expression.
- ☐ Il tient le livre sans cacher son visage.
- ☐ Il s'exerce d'abord afin de reconnaître presque tous les mots.
- ☐ En cas de difficulté, il interrompt sa lecture et demande de l'aide.
- ☐ _____
- ☐ _____

Source : Traduit et adapté de Politano et Davies (1994, p. 88).

Utiliser l'évaluation formative pour éclairer l'enseignement

L'enseignant lit un texte, et la classe s'exerce en utilisant la liste d'observations et en remarquant ce que fait un lecteur efficace. Chaque élève travaille ensuite avec un ou une partenaire et ils s'entraînent ensemble à la lecture à voix haute. Quand ils sont prêts, ils utilisent la liste pour vérifier leurs observations sur la lecture de l'autre. À mesure qu'ils développent de nouvelles habiletés, ils ajoutent des observations à la liste et commencent à se fixer des objectifs — chaque élève devant se concentrer sur une chose qu'il doit améliorer. Avant de commencer à lire, l'élève demande à son partenaire de vérifier s'il voit des preuves qu'il a atteint ses objectifs. C'est devenu la manière habituelle des élèves de se donner mutuellement des rétroactions descriptives. La liste d'observations a vite été conservée comme preuve d'apprentissage.

Les projets de recherche

Mme C a demandé à ses élèves de faire une recherche sur un sujet et de trouver une façon de communiquer efficacement ce qu'ils ont appris. Au début, Mme C a donné aux élèves une série de mini-leçons pour leur expliquer le processus de recherche. Elle a rencontré plusieurs groupes d'élèves qui éprouvaient les mêmes difficultés. Les élèves ont réfléchi pour trouver de quelle façon ils aimeraient montrer ce que leur recherche leur avait appris. Quand ils avaient fait leur choix, elle jugeait qu'ils étaient prêts à établir les critères d'un bon projet de recherche. Elle leur a demandé de dresser une liste intitulée «Ce qui est important dans un projet de recherche», à l'aide d'une séance de remue-méninges. Voici une partie de cette liste :

- les illustrations
- le sujet
- capter l'attention des gens
- respecter l'orthographe
- écrire des phrases intéressantes
- avoir un début, un milieu et une fin
- le garder en lieu sûr
- choisir des mots descriptifs
- soigner la ponctuation (, . ! ? …)
- présenter des idées intéressantes
- souligner ce qui est important

L'enseignante a ajouté trois critères à cette liste :

- la forme choisie a une importance pour communiquer clairement l'information
- il faut utiliser au moins trois sources d'information
- il faut inclure une bibliographie

Une fois la liste des idées dressée, les élèves les ont triées et ont fait un diagramme en T. Les critères étaient les suivants :

- structurer le projet pour en rendre la lecture facile
- présenter des éléments d'information intéressants
- maintenir l'intérêt et l'attention de l'auditoire
- être facilement compréhensible

Figure 7.3 Le projet de recherche

Projet de recherche	
Critères	**Détails**
structuré de manière à être facile à suivre	– a un début, un milieu et une fin – est gardé en lieu sûr – souligne ce qui est important – comporte une bibliographie
présente des éléments d'information intéressants	– n'est pas ennuyeux (excitant) – présente beaucoup d'information – utilise un outil organisationnel – cite différentes sources, dont Internet – comporte des éléments visuels, sketchs, accessoires, etc. – utilise au moins trois sources
capte l'intérêt et l'attention de l'auditoire	– comporte des illustrations de qualité – présente bien le sujet – capte l'attention des gens – convient à une présentation PowerPoint
revu et corrigé pour être facilement compréhensible	– contient des mots descriptifs – respecte les règles de ponctuation (, . ! ? …) – sépare les paragraphes – respecte l'orthographe – comprend des phrases intéressantes – la forme choisie aide à communiquer clairement l'information

Figure 7.4 Le rapport de laboratoire

Critères de	Rapport de laboratoire Respectés	À respecter	Notes
Méthode scientifique complète et facile à suivre	✓		Je l'ai écrite deux fois.
Données présentées et interprétées avec précision	✓		Voir détails du diagramme J'inclus aussi un tableau.
Conclusion valable	✓		
Conférence requise ☐	Question(s) :		
Reçu le 16 octobre			
Évalué par ☐ l'enseignant ☑ moi-même ☐ pair ☐ autre	Évaluation : laboratoire de sciences n° 4 Élève : Ariel L. groupe C		

Source : Traduit et adapté de Gregory, Cameron et Davies (2000, p. 31).

Le diagramme en T a été photocopié et une copie a été remise à chaque élève. Leur première tâche consistait à souligner chaque mot ou phrase qui s'appliquait à leur projet. S'ils pensaient avoir respecté tous les critères inscrits dans la partie gauche, ils inscrivaient à droite « RESPECTÉ » et indiquaient la preuve en soulignant la « preuve » dans leur liste. S'ils n'avaient pas respecté certains critères, ils devaient encercler un ou deux détails sur lesquels ils travailleraient, et établir un plan d'action pour les prochaines étapes. Ils partageaient leurs plans d'action avec les autres et se mettaient au travail. Le fait d'établir des critères afin de rendre le produit final plus clair les a aidés à voir où ils se situaient par rapport aux objectifs. La majorité des élèves a réussi à respecter l'ensemble des critères. Deux élèves qui avaient des besoins spéciaux ont choisi de se concentrer sur un des quatre critères dans ce projet après avoir examiné leur plan d'intervention personnalisé PIP (ou plan d'enseignement individualisé PEI) avec l'orthopédagogue.

Les laboratoires de science

Mme H utilise plusieurs exemples pour aider ses élèves à préparer leurs rapports de laboratoire. Elle a sélectionné quelques échantillons des années précédentes qui pouvaient servir de modèles de qualité. Elle a fait deux copies de chaque rapport de laboratoire, pour un total de huit exemples. Elle a distribué un exemple à chaque groupe de trois ou quatre élèves. Chaque groupe examinait un exemple avant de l'échanger pour un deuxième et un troisième. Les élèves de chaque groupe ont ensuite dressé la liste des caractéristiques d'un très bon rapport de laboratoire. Après avoir disposé d'assez de temps pour examiner ces quelques exemples, les élèves ont compilé une liste comprenant tous les critères retenus par la classe. L'enseignante a ajouté deux critères que les élèves n'avaient pas remarqués. Toutes les idées exprimées au cours d'un remue-méninges ont servi à faire un diagramme en T qui a été affiché en classe. Les critères apparaissaient du côté gauche du diagramme, et les idées exprimées lors des remue-méninges, du côté droit. Les trois critères relevés sont les suivants : la méthode scientifique est complète et facile à suivre ; les données sont présentées et expliquées avec précision ; la conclusion est valable.

Les élèves ont achevé leur premier rapport de laboratoire en prenant comme modèles les exemples retenus. Avant de ramasser les rapports, l'enseignante a demandé aux élèves de réfléchir avant de noter quels critères étaient respectés et ceux qui ne l'étaient pas, ainsi que ce qu'ils voudraient qu'elle remarque avant de leur donner une rétroaction descriptive et spécifique concernant leurs rapports. Avant de produire un autre rapport de laboratoire, les élèves ont révisé le précédent en ayant les critères en tête et ils ont choisi un aspect à améliorer.

Les mathématiques

Les descriptions variées de travaux de qualité facilitent l'enseignement de Mme J ainsi que son processus d'évaluation en classe. Mme J enrichit continuellement sa collection d'exemples de travaux afin d'illustrer les niveaux de rendement recherchés. Ces exemples et ces descriptions aident ses élèves à comprendre ce qu'est la qualité, en plus de lui faciliter la tâche quand vient le moment d'attribuer une notation au moyen de lettres dans le bulletin scolaire, et de documenter l'apprentissage des élèves aux fins d'évaluation au niveau de l'école. Au début de l'étape, elle rappelle les objectifs d'apprentissage et, avec les élèves, dresse la liste des critères ou des preuves possibles de leur apprentissage. De temps à autre, elle demande à ses élèves d'indiquer quelles sont les preuves les plus concluantes de leur apprentissage. À la mi-étape et aux examens de fin d'étape, elle rencontre brièvement les élèves afin de réviser leurs points forts et les choses à améliorer, et de fixer des objectifs. Les preuves à considérer en cours d'apprentissage sont :

- les *observations* : notes, entrevues, listes de vérification et notations (des travaux achevés, des travaux pratiques et des travaux à faire à la maison)
- les *produits* : notes en mathématiques, documents, projets, performances, questionnaires, révisions, examens et évaluations annuelles
- les *conversations* : les échanges en petite équipe ou en groupe élargi, les bilans de travaux faits à la maison, le travail d'équipe, l'enseignement par les pairs, la rétroaction personnelle par rapport aux critères

Figure 7.5 La description de la réussite

Premier cycle du secondaire – Résultats d'apprentissage	Description de la réussite	Preuves d'apprentissage
L'élève pourra:	**L'élève peut:**	**Les preuves incluent:**
comprendre et démontrer la signification et l'usage des chiffres	tracer et interpréter des diagrammes linéaires et à bandes comportant des données brutes	carnets de notes projets examens questionnaires projets en géométrie
comprendre que les mathématiques sont une science de modèles, de relations et de fonctions	nommer et créer plusieurs formes géométriques et en trouver l'aire, le périmètre ou la circonférence	graphiques et tableaux projets d'analyse des données énoncés de problèmes résolus
comprendre et démontrer des habiletés de calcul et de mesure	calculer des données télémétriques, des moyennes et des médianes	journal de mathématiques réponses développées courriels
comprendre et appliquer des concepts géométriques et algébriques	calculer des pourcentages et des fractions en décimales	liste de sites Web logiciel Inspiration
comprendre et appliquer des concepts de raisonnement mathématique et de phénomènes mathématiques discrets (résolution de problèmes)	faire usage des exposants et des autres notations scientifiques	
réfléchir et approfondir sa compréhension des idées et des relations mathématiques	comprendre les unités de mesure fondamentales du système métrique	
	résoudre une équation de base en trois étapes	
	écrire des énoncés de problèmes et les résoudre	
	utiliser une ligne des nombres pour calculer les nombres négatifs	
	utiliser un rapporteur d'angles et un compas	

Dans la classe de la spécialiste

Mme M a mis sur pied une chorale et enseigne deux périodes de 30 minutes par semaine aux élèves d'une école primaire. Au début de l'année, elle explique aux élèves ce qui lui semble important quand on chante dans une chorale. Elle leur dit également qu'elle et d'autres personnes écouteront la chorale et évalueront sa performance comme le font les juges dans les spectacles télévisés *American Idol* et *Canadian Idol*. Dans une séance de remue-méninges, ses élèves suggèrent toutes leurs idées à propos de ce que les juges devraient considérer dans la performance. Ils commencent à dresser une liste dès les premières semaines, en l'étoffant à mesure qu'ils trouvent de nouvelles idées. Les élèves s'exercent au chant. Parfois, ils écoutent des spectacles de grandes chorales ou y assistent. Ils regardent aussi les vidéos de leurs propres performances. Ils analysent les performances, font le bilan de ce qu'ils ont vu et entendu, et continuent à enrichir leur liste des critères d'une bonne performance de chant choral. Quand la liste est complète, Mme M et les élèves s'appliquent à trier les idées pour en faire un diagramme en T. Les critères retenus dans le diagramme en T facilitent leur apprentissage continu et leur évaluation formative.

Rassembler les preuves d'apprentissage au postsecondaire

Les élèves et étudiants de tous les niveaux scolaires profitent des pratiques d'évaluation en classe décrites dans ce livre. Les mêmes techniques peuvent être employées avec succès dans les classes de niveau postsecondaire. Tout au long du cours, les étudiants sont responsables de rassembler et d'organiser les preuves de leur apprentissage en lien avec les objectifs du cours, et de compléter cette collecte de preuves à la fin du cours. Voir la figure 7.6 pour un exemple de formulaire qui les aide à collecter et à organiser leurs preuves d'apprentissage.

Figure 7.6 Un exemple d'autoévaluation en lien avec les critères

Critères d'excellence dans ce cours	Détails/Descriptions	Note
Présenter des produits de qualité	• original • publiable • bien exprimé • répond aux attentes • concis	*Dans chaque pochette, j'ai inclus des preuves correspondant aux objectifs d'apprentissage et aux critères d'excellence (du moins, je l'espère!). J'ai essayé de respecter la triangulation des preuves dans chaque pochette — je ne suis pas certain d'en avoir assez. Votre rétroaction sera la bienvenue et faites-moi savoir quelles sont mes erreurs.*
Faire des liens personnels et théoriques avec la théorie et la recherche	• compréhension profonde et perspicace de la recherche • donne des exemples • emploie des analogies et des métaphores	
Exploiter ses réflexions personnelles et celles des autres	• contribue à l'ensemble de notre apprentissage • preuves de lectures variées • idées pertinentes • questions et liens intéressants	

Une vue d'ensemble

Les exemples donnés dans ce chapitre permettent d'illustrer de quelle façon l'enseignement peut être transformé lorsqu'on implique les élèves dans l'évaluation en classe. En encourageant les élèves à faire des liens avec leurs connaissances antérieures, à décrire eux-mêmes la qualité, à fixer les critères, à réfléchir, à se donner des rétroactions, à établir des objectifs puis à collecter et fournir des preuves de leur apprentissage, les éducateurs enseignent aux élèves *comment apprendre*, tout en leur enseignant ce qu'ils doivent apprendre et être en mesure de faire.

Si les idées exprimées dans ce chapitre vous semblent nouvelles, prenez le temps de mieux les comprendre avant de tenter de les appliquer en classe. Privilégiez les ressources qui proposent des idées qui ont fait leurs preuves en classe, et discutez avec vos collègues qui essaient eux aussi d'impliquer leurs élèves dans l'évaluation formative. Commencez par choisir une des techniques suggérées, et prenez le temps nécessaire pour passer de la théorie à la pratique. Réfléchissez aussi à ce que vous *cesserez* de faire — il s'agira peut-être laisser tomber un peu de notation d'évaluation sommative — afin d'avoir le temps d'entreprendre une nouvelle approche.

Quand vous déciderez d'adapter votre enseignement aux nouvelles pratiques d'évaluation en classe, souvenez-vous d'adapter les idées présentées afin qu'elles fonctionnent avec vos élèves et dans votre environnement scolaire. Rappelez-vous que la personne qui travaille plus fort a plus de chances d'apprendre davantage et mieux. *N'est-il pas temps que vos élèves travaillent plus fort que vous ?*

> *Nous pouvons faire en sorte que*
> *les trains soient à l'heure, mais s'ils*
> *ne se rendent pas là où nous voulons,*
> *pourquoi s'en soucier ?*
>
> Traduction libre de Neil Postman

Éclairer notre propre apprentissage

Pensez aux moments où les élèves de votre classe s'engagent le plus dans leur apprentissage.

- Que se passe-t-il ?

- Que font-ils ?

- Où êtes-vous ?

- Que faites-vous ?

- Les élèves connaissaient-ils les objectifs d'apprentissage ?

- Savent-ils ce qu'on attend d'eux dans cet apprentissage ?

- Savent-ils quels types de preuves d'apprentissage ils doivent produire ?

- Sont-ils capables de s'autoréguler en regard des modèles, des critères ou des exemples ?

Notez vos réflexions.

Éclairer l'apprentissage des élèves

Demandez aux élèves de dresser une liste d'éléments de réponse à cette question : «Que font les bons enseignants pour soutenir votre apprentissage ?» Écoutez leurs réponses et réfléchissez à vos pratiques d'enseignement.

La collecte, l'organisation et la présentation des preuves d'apprentissage

L'élève sait mieux que l'enseignant ce qu'il a appris, et comment il l'a appris — même s'il sait moins bien ce qui lui a été enseigné.

Traduction libre de Peter Elbow

La collecte, l'organisation et la présentation des preuves d'apprentissage

La collecte, l'organisation et la présentation des preuves d'apprentissage relevaient normalement de la seule responsabilité de l'enseignant. Si les élèves doivent être impliqués dans l'évaluation formative pour *soutenir* leur apprentissage, ils doivent également être impliqués dans ces aspects importants. Cela fait partie de l'apprentissage de reconnaître qu'on a réussi, et on le sait quand on en voit les preuves. Les apprenants ont donc besoin de collecter et d'organiser les preuves d'apprentissage correspondant aux objectifs pour savoir qu'ils apprennent. Ils ont aussi besoin de présenter ces preuves aux autres pour leur montrer qu'ils ont appris. En d'autres termes, ils doivent rendre des comptes.

Afin d'amasser toutes les preuves d'apprentissage requises pour faire une évaluation sommative juste et équilibrée, il ne suffit pas aux enseignants de réviser le travail une seule fois, de consigner la note dans leurs dossiers et d'envoyer le travail à la maison. Les enseignants doivent plutôt impliquer les élèves afin qu'ils rassemblent eux-mêmes des preuves d'apprentissage en un ensemble complet et compréhensible — constitué de réalisations, de réflexions, de rétroactions descriptives et spécifiques qu'ils se sont données ou ont reçues des autres, et d'observations notées. L'ensemble des preuves d'apprentissage de l'élève devient un historique visuel de son apprentissage au fil du temps. L'ensemble en lui-même et sa constitution par l'élève lui rendent de précieux services.

- La constitution d'un ensemble de preuves aide l'élève à acquérir et à mettre en pratique des habiletés d'organisation, à être fier de son travail et à découvrir son style personnel d'apprentissage. Le développement des habiletés requises pour recueillir les preuves, se présenter devant les autres et leur démontrer leur apprentissage est un acquis qui profite aux élèves leur vie durant.
- Les ensembles de preuves des élèves contribuent à améliorer la qualité et la clarté de la communication entre les enseignants, les élèves et les parents. Ces ensembles de preuves donnent aux parents l'information dont ils ont besoin pour être partenaires dans le processus d'évaluation en classe, et permettent de démythifier le processus d'apprentissage.
- Munis de leur ensemble de preuves, les élèves peuvent montrer aux enseignants et aux parents ce qu'ils savent et ce qu'ils doivent apprendre. Ce processus aide les élèves à mieux comprendre leur apprentissage et leur progression.
- Comme les ensembles de preuves aident les élèves et les parents à constater par eux-mêmes les progrès effectués, ils forment une mine de renseignements pour la notation et la préparation des bulletins. Ils permettent de mieux visualiser ce qui a été appris, ouvrent une fenêtre sur les réflexions de l'élève et le révèlent dans sa dimension multiple en tant qu'apprenant. Plus l'ensemble de preuves est complet, mieux il révèle les capacités de l'élève. Un éventail de preuves collectées sur une période de temps suffisante et se rapportant à des activités variées augmente la validité et la fiabilité de l'évaluation sommative pour chacun.

Le processus en action

Il y a quatre moyens de s'assurer que la collecte et l'organisation des preuves d'apprentissage favorisent l'apprentissage des élèves en classe :

- Le processus doit demeurer simple.
- Les élèves doivent assumer la responsabilité des preuves collectées.
- Les preuves doivent comprendre autre chose que des produits écrits.
- Il faut aider les parents et les élèves à comprendre l'importance des preuves.

Le processus doit demeurer simple

Le procédé utilisé par les élèves pour collecter leurs preuves d'apprentissage doit être pratique et facile, tout en soutenant fortement leur apprentissage. Alors que le défi d'aider les élèves à apprendre devient de plus en plus complexe, nos façons de faire et la méthode utilisée pour collecter les preuves et maintenir la collecte doivent être simplifiées et exiger le moins de temps possible.

Voici quelques idées pour aider à préciser ce processus :

- Il faut aider les élèves à comprendre *pourquoi* ils collectent des preuves.
- Il faut leur expliquer *qui* prendra connaissance de ces preuves.
- Il faut travailler avec les élèves à mettre au point un système *simple* à utiliser (chemises ou classeur, consignation numérisée).
- Les élèves doivent avoir le temps de collecter et d'organiser leurs preuves.

La façon dont vous demanderez aux élèves de représenter, de collecter et d'organiser leurs preuves dépend de plusieurs facteurs tels que l'espace physique ou l'âge de vos élèves. Cela peut également varier selon le nombre de groupes auxquels vous enseignez. En demandant aux élèves de représenter ce qu'ils savent de plusieurs façons différentes, nous faisons en sorte que leurs preuves débordent du simple cadre des travaux «papier-crayon». Comme les preuves telles qu'un bricolage ou un projet de science en trois dimensions occupent beaucoup d'espace dans une classe, ils doivent être représentés d'une autre façon. Travaillez avec les élèves à trouver comment ces types de preuves peuvent être représentés autrement, soit par des photos, un diaporama, un vidéo, un enregistrement sonore ou sur un site Web. Ces formats permettent de capter des preuves qui auraient pu être oubliées autrement.

Ayez un système de rangement pour garder les preuves en sécurité, comme des chemises, des boîtes ou des casiers. Si les preuves ont été numérisées, assurez-vous d'effectuer des copies de sauvegarde régulièrement. Quand un système d'organisation des preuves physiques sera en place, donnez régulièrement aux élèves le temps d'ajouter des preuves à leur collection. Demandez-leur d'en conserver autant qu'ils le peuvent — vous ne savez jamais ce qui pourra avoir de l'importance par la suite. Le rangement peut être simplifié si les articles encombrants sont apportés à la maison après avoir été photographiés à l'aide d'une caméra numérique, une fois les observations pertinentes notées. Les présentations, formelles ou informelles, peuvent aussi être enregistrées sous format numérique. En plus des collections des élèves, les enseignants doivent garder leurs propres notes d'observations et preuves en vue d'une évaluation ultérieure. Parfois, les élèves n'inscrivent qu'une date et classent leurs preuves en sachant qu'ils vont les trier plus tard. Dans certaines classes, la technologie permet aux élèves de conserver toutes leurs preuves d'apprentissage en format numérique. Nous avons tous besoin d'un aide-mémoire pour nous rappeler de faire des copies de sauvegarde de ces documents.

Les enseignants et les élèves peuvent choisir différentes façons de collecter, d'organiser et de présenter les preuves d'apprentissage. En voici quelques exemples.

➢ Les élèves de Mme M, au primaire, collectent leurs travaux dans des carnets de notes, des classeurs et des portfolios illustrant leur progression.

➢ Les élèves de M. S, au secondaire, ont des classeurs de dossiers dans lesquels ils placent les documents et des extraits de leurs reliures à anneaux et de leurs portfolios qu'ils choisissent tous les vendredis. Ils sont en train de développer le site Web de leur classe, ce qui permettra aux parents de visionner et de consulter les travaux des élèves.

➢ Les élèves du premier cycle du secondaire de Mme R ont des portfolios faisant état de leur progression, des dossiers qu'on peut rapporter à la maison et des dossiers plus volumineux qu'ils rangent dans des boîtes de plastique près de son bureau.

➢ Les élèves de M. F utilisent le logiciel Inspiration dans leur travail quotidien. En constatant que ses élèves se familiarisaient facilement avec ce programme, M. F a décidé de leur faire utiliser Inspiration pour organiser leurs preuves d'apprentissage. Tous les résultats d'apprentissage sont regroupés, et chaque preuve numérisée y est consignée et enregistrée. Le logiciel permet aux élèves de faire différentes sélections à mesure que leurs preuves d'apprentissage changent. Certains de ses collègues utilisent NoteTaker, un autre logiciel, pour organiser les preuves en fonction des normes. D'autres enseignants encouragent leurs élèves à construire un site Web pour collecter leurs preuves d'apprentissage.

➢ Les élèves du premier cycle du secondaire de Mme G ont des dossiers de productions écrites, des carnets de notes et des chemises de classement dans lesquels ils choisissent des travaux pour montrer ce qu'ils ont appris au fil du temps.

➢ M. C enseigne à l'université. Ses étudiants collectent et conservent les preuves dont ils auront besoin quand ils le rencontreront à la fin du semestre pour expliquer ce qu'ils ont appris. Leur prise de décisions est facilitée par une description détaillée des types de preuves requis. Il fait également participer les étudiants à l'établissement des critères pour chaque travail, et leur permet de lui soumettre de nouveau leurs travaux révisés jusqu'à la fin du cours.

➢ Les élèves de Mme S publient leurs travaux en ligne sur le site Web de leur école. Ils invitent les parents et d'autres personnes à visiter le site et à critiquer leurs travaux, à faire des commentaires en ligne et à suivre leurs progrès.

Impliquer les élèves

Les élèves ont besoin de rendre compte de leur apprentissage — cela les aide, et cela nous aide également. Cette responsabilité de rassembler les preuves leur donne plus d'occasions de se rendre compte s'ils sont sur la bonne voie en ce qui a trait à leur apprentissage. Cela fait partie du travail de l'enseignant de leur montrer comment le faire de manière appropriée.

Impliquez les élèves dans la planification de leur réussite en révisant les objectifs d'apprentissage et en leur demandant de préciser les preuves dont ils ont besoin afin d'être bien organisés et de superviser leurs progrès. Faites-leur clairement savoir que les preuves sont essentielles et que les élèves disposent d'une certaine flexibilité pour montrer ce qu'ils savent de diverses façons.

Figure 8.1 L'autoévaluation se rend à la maison

École secondaire de Belendroit
Fiche d'évaluation du portfolio

Nom : _____ Niveau scolaire : _____

Enseignant : _____

Titre : _Réflexions de lecture_ Achevé le : _____

Mes notes témoignent des principes directeurs suivants :

1. un communicateur efficace et clair
2. un apprenant autonome tout au long de sa vie
3. un individu créatif et pragmatique dans la résolution de problèmes
4. un citoyen responsable et engagé
5. un travailleur d'équipe qualifié
6. un penseur informé favorisant la coordination

Mon travail dénote :

Dans ce travail, je choisis une page du livre de lecture que je lis actuellement de façon autonome, et je note ce qui fait de moi un bon lecteur. Je note le nom de l'auteur et le titre, j'indique la date de lecture et je signe.

Ce travail démontre ce que j'ai appris :

Quand je lis un bon livre, je me forme des images mentales, ce qui n'est pas le cas si ce n'est pas un bon livre, car il ne m'intéresse pas vraiment.

Ce travail a été fait (cocher) :

__ en classe   __ à la maison, en devoir   __ avec la rétroaction de l'enseignant

__ en équipe   __ seul   __ avec la rétroaction des pairs

__ comme première ébauche   __ avec révision   __ autre (expliquer)

ma rétroaction

Figure 8.2 La lettre aux parents

Chers parents,

En prenant connaissance du travail de votre enfant, veuillez noter, comme je l'ai fait, les aspects où il ou elle réussit bien et ceux où une amélioration est souhaitable.

J'ai évalué l'ensemble de ces travaux, mais une partie seulement a été notée. Les marques, notes, commentaires ou mes initiales vous indiquent que j'ai évalué le travail.

Si vous avez d'autres questions concernant l'apprentissage de votre enfant, je serai heureux d'en discuter avec vous. Appelez-moi pour prendre rendez-vous.

Bien à vous,
M. Taylor

Certains enseignants prévoient des périodes régulières pour permettre aux élèves de noter ce que la preuve représente, et ce qu'ils aimeraient soumettre à notre attention. Quand les élèves expliquent leur travail, cela les aide à mieux se connaître en tant qu'apprenants. Leur participation active dans l'établissement et l'usage des critères pour déterminer les éléments clés des preuves les aide à assumer leur apprentissage. Ils apprennent du même coup le langage de l'évaluation formative.

Quand les parents ou d'autres personnes voient les preuves, lisent les notes prises par l'élève et l'écoutent parler de son apprentissage, ils ont une meilleure idée de ce qui est appris et de ce qui reste à apprendre.

Aider les parents et les élèves à valoriser les preuves

Faire la collecte d'un ensemble de preuves d'apprentissage signifie généralement que seuls certains travaux d'élèves sont apportés à la maison, le reste demeurant à l'école aux fins de critique et de révision. Parfois, les élèves apportent à la maison leurs travaux de la semaine et les rapportent à l'école après les avoir montrés à leurs parents. Certains gardent presque tout à l'école. Quand l'accès aux technologies le permet, les élèves constituent des ensembles de preuves qui sont accessibles en ligne en tout temps. Si les parents reçoivent des échantillons de travaux sur une base quotidienne ou hebdomadaire, ils peuvent se poser des questions concernant l'apprentissage. Prenez le temps de leur expliquer. Vous pouvez suggérer aux élèves d'indiquer les raisons pour lesquelles une preuve est importante et comment on peut en prendre connaissance. Quelque temps après le début de l'année, vous pouvez inviter les parents à un après-midi portes ouvertes pour consulter les preuves ; les élèves peuvent se préparer à des rencontres à ce sujet avec leurs parents ou d'autres personnes, ou encore offrir à leurs parents une visite guidée de leur classe ou de leur site Web.

Quand vous favorisez les rétroactions descriptives plutôt que les rétroactions évaluatives, vous n'utilisez pas toujours le type de notation de travaux auquel les parents sont habitués. Faites savoir aux parents que vous examinez encore l'ensemble des travaux de leurs enfants, même si vous ne leur attribuez pas tous une note. Une lettre comme celle-ci aide à expliquer votre approche et à répondre aux préoccupations des parents.

Figure 8.3 L'autoévaluation se rend à la maison

Nom de l'élève _____R._____ Niveau scolaire _Secondaire 2_
Date _____

Résumé de mon apprentissage en lecture

En examinant mes preuves, veuillez noter...
Veuillez noter que j'ai travaillé très fort sur chacun de mes projets.

Je suis surtout fier de...
Je suis fière de cette biographie d'un auteur, car c'est le projet auquel j'ai consacré le plus de temps et d'efforts.

J'ai travaillé particulièrement sur...
J'ai fait beaucoup d'efforts pour l'exposé oral de mon compte rendu de lecture.
J'y ai travaillé toute une soirée et j'ai essayé d'améliorer ce qui pouvait l'être.

Ce que je peux faire pour m'améliorer...
Lire des livres d'un niveau plus avancé en utilisant les stratégies de lecture appropriées.

Un mot qui décrit bien mon travail en classe :
créatif

J'ai eu la note __A__ dans cette lecture parce que...

– *J'ai respecté les critères établis en classe.*

– *J'ai utilisé les exemples pour me guider.*

– *Tout mon travail est inclus.*

– *J'ai terminé mon travail.*

Les portfolios

Quand les élèves présentent leurs travaux, ils partagent toutes les preuves ou une partie de ce qu'ils ont rassemblé. Cela peut inclure toute preuve constituée par l'élève, comme les carnets de notes, les projets, les travaux, les présentations, les questionnaires et les examens. Il peut s'agir de documents imprimés, d'enregistrements vidéo ou audio, sous forme matérielle, analogique ou numérique. Un ensemble de preuves collectées dans une intention précise et visant un public déterminé est souvent appelé un portfolio. Les portfolios peuvent servir diverses intentions. Certains visent à démontrer la progression, le processus, les «meilleurs travaux», ou à présenter les preuves d'apprentissage en lien avec les attentes, ou encore à démontrer l'atteinte des objectifs ; d'autres poursuivent une combinaison d'intentions s'adressant à un même public cible.

Les différentes intentions possibles

Les enseignants conçoivent les portfolios avec les élèves, en tenant compte des besoins de ceux qui vont consulter les preuves d'apprentissage. Avec leurs élèves, ils déterminent qui sont ceux et celles qui consulteront les portfolios, et ce que ces personnes souhaitent le plus savoir concernant l'apprentissage des élèves. En ayant à l'esprit leur intention et les personnes à qui ils s'adressent, les élèves trient les preuves et font en sorte que leur portfolio fournisse un portrait fidèle de l'apprenant et de l'apprentissage.

Le portfolio évolutif

Le portfolio évolutif fournit des «instantanés», ou des aperçus ponctuels de l'apprentissage au fil du temps. En consultant le portfolio, on voit que la progression de l'apprentissage est évidente. Comme une échelle de croissance permet de suivre le développement physique d'un enfant, les travaux scolaires d'un élève montrent ses acquisitions de connaissances et le développement de ses habiletés, de façon à la fois précise et générale, depuis la dernière évaluation.

Le portfolio d'apprentissage

Le portfolio d'apprentissage illustre l'apprentissage qui a eu lieu pendant une certaine période de temps : tous les stades de l'apprentissage, et non seulement les moments clés. Les élèves y insèrent des preuves d'apprentissage à différents stades dans leur travail, tels que des ébauches de productions écrites, des travaux achevés ou des échantillons illustrant les progrès d'une semaine à l'autre.

Les portfolios descriptifs

Les bulletins donnent rarement, sinon jamais, une image complète de l'apprentissage d'un élève. Ils fournissent tout au plus un « instantané ». Quand les élèves rassemblent les preuves de leur apprentissage en fonction des objectifs (les résultats ou objectifs d'apprentissage), ils donnent beaucoup plus d'information permettant de rendre compte de leur apprentissage.

Ces éléments d'information, combinés à ceux que l'enseignant fournit, complètent les renseignements de nature sommative donnés dans le bulletin.

Figure 8.4 Ce qu'indique mon portfolio...

Étape 1 : Qu'est-ce que mon portfolio indique sur mon travail dans ce cours ?	Nom : _____ Date : _____
Liste de preuves Cocher ce qu'on trouve dans chaque pochette	**Points forts, améliorations notées et aspects à améliorer**
Pochette de lecture : ✓ test *L'étonnante concierge*[1] ✓ *L'étonnante concierge*, questionnaire 1 ✓ *L'étonnante concierge*, questionnaire 2	Dans cette matière, que démontre ton travail à propos de tes habiletés de lecture, de ta compréhension et de ton analyse de texte ? *Points forts : Je peux analyser un texte en utilisant correctement la stratégie étudiée et en me basant sur les discussions en classe.* *Améliorations notées : Je m'explique de manière plus concise au lieu de fournir de longues explications.* *Aspects à améliorer : Je dois mieux prendre connaissance du contexte et des directives avant de commencer mon travail afin de mieux comprendre le sens des mots (langage figuré).*
Pochette des productions écrites : ✓ critiques de livres de lecture d'été ✓ collection de courts textes ✓ réflexion n° 1 sur une citation ✓ résumé de récit	Dans cette matière, que démontre ton travail à propos de tes habiletés en productions écrites diverses et de tes connaissances des règles de français ? *Points forts : Je suis très bonne pour construire des phrases et je n'utilise pas que des groupes de mots. Améliorations notées : Je suis plus consciente des règles de ponctuation que l'an dernier et j'ai moins de révision à faire.* *Aspects à améliorer : Je dois mieux corriger mes textes et surveiller les mots qui peuvent être bien écrits, mais n'avoir aucun sens dans ce contexte.*
Pochette des présentations orales : ✓ présentation de critiques de livres ✓ présentation de l'affiche *L'étonnante concierge*	Dans cette matière, que démontre ton travail à propos de tes habiletés quand tu dois parler devant la classe ? *Points forts : Je n'oublie pas de garder un contact visuel avec l'assistance, et ils savent ainsi que je suis sérieuse et bien préparée.* *Améliorations notées : J'ajuste le ton de ma voix selon l'assistance et le nombre de présentations.* *Aspects à améliorer : Je dois parler plus lentement afin d'être mieux comprise.*
Pochette d'apprentissage : ✓ autoévaluation multidisciplinaire ✓ remue-méninges d'activités de lecture ✓ compte rendu du progrès au premier trimestre et réflexions personnelles (8 oct.) ✓ fin du résumé du premier trimestre et réflexions personnelles (1ᵉʳ nov.) ✓ compte rendu du progrès au deuxième trimestre et réflexions personnelles (10 déc.)	D'après tes réflexions, les rapports sur ton progrès et le résumé du premier trimestre, quelles tendances ou quels modèles peux-tu voir dans tes habitudes de travail ? *Je suis cohérente dans mon travail et je le fais bien. Je sais que je dois mieux connaître la grammaire.* Quelles relation ou corrélation vois-tu entre tes progrès dans ce cours et tes habitudes de travail ? *Je pense que mes productions écrites deviennent plus concises et que je laisse de côté les éléments d'information secondaires. Mes habitudes de travail s'améliorent, car je suis plus concentrée, et je travaille mieux et plus vite.* Comment as-tu réussi à atteindre les objectifs du deuxième trimestre que tu as fixés dans tes réflexions du premier trimestre ? *J'ai atteint mes objectifs ou je suis en voie de les atteindre, car je participe davantage en classe et je commets moins d'erreurs.*
Objectifs pour le troisième trimestre Selon les besoins observés dans ton travail, fixe trois objectifs pour le troisième trimestre dans chacune des matières à l'étude	**Lecture** *Je vais lire au moins une fois les directives et les questions avant d'entreprendre une tâche afin de la terminer sans rien oublier.* **Productions écrites** *Je vais mieux corriger mes textes et retrancher les mots qui n'ont pas de sens dans le contexte.* **Présentations orales** *Lors de mes présentations orales, je vais parler plus lentement, ce qui signifie ne pas me hâter pour arriver à la fin.*

Caroline, la précision de tes réflexions démontre que tu auras un bon troisième trimestre et que tu feras beaucoup de progrès cette année. Excellent jugement !

Mlle Thérèse

---

1. Dominique Demers, *L'étonnante concierge*, Montréal, Québec Amérique jeunesse, coll. « Bilbo », 2005.

La collecte, l'organisation et la présentation des preuves d'apprentissage

Le portfolio de présentation

Le portfolio de présentation montre l'apprentissage d'un élève en mettant l'accent sur ses accomplissements. Les élèves sélectionnent les preuves qui illustrent le mieux leurs accomplissements, comme s'ils préparaient une entrevue pour obtenir un emploi. Après avoir indiqué leurs points forts et leurs réussites, les élèves soulignent un ou deux domaines où une amélioration est souhaitable, et précisent leurs objectifs.

Figure 8.5 Le portfolio

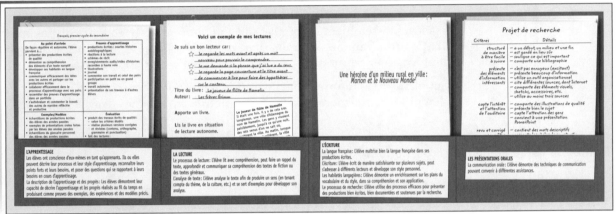

Le portfolio centré sur les objectifs

Le portfolio centré sur les objectifs est structuré de manière à montrer dans quelle mesure l'élève pourra atteindre les objectifs dans une matière donnée et pour un niveau scolaire particulier. Il comprend une description claire de chaque objectif, des exemples de travaux sélectionnés par l'élève et une justification des exemples choisis en fonction des objectifs.

Que vous préfériez vous concentrer sur la démonstration des progrès au fil du temps, sur les preuves qui complètent l'information paraissant sur un bulletin ou sur un autre objectif, il importe que les élèves sélectionnent les preuves à inclure dans leurs portfolios et expliquent les raisons de leur choix. Quand les parents, les pairs et les enseignants comprennent la signification de ce qui est démontré, ils peuvent mieux reconnaître l'apprentissage que cela représente. Des notes explicatives peuvent accompagner les présentations des élèves, par exemple une réflexion écrite par un élève au sujet d'un travail présenté ou des rubriques telles que *Meilleurs travaux* ou *Améliorations notables*.

Plusieurs portfolios comprennent un résumé dans lequel l'élève note ses points forts, les domaines où une amélioration est souhaitable, et un ou deux objectifs à court ou à moyen terme. L'élève peut aussi inclure un formulaire de commentaires à l'attention des lecteurs. Ce formulaire, une fois rempli, fera partie du portfolio.

2. Michèle Marineau, *Marion et le Nouveau Monde*, Saint-Lambert, Dominique et compagnie, coll. «Roman vert», 2002.

Prendre le temps

Il faut du temps pour aider les élèves à présenter leurs portfolios et à assumer une plus grande responsabilité dans la collecte de leurs preuves d'apprentissage. Il s'agit de temps bien employé, car les élèves y trouvent l'occasion de jouer un plus grand rôle dans leur apprentissage et, par conséquent, d'apprendre davantage. Cela vaut aussi la peine parce que les élèves savent ainsi à qui s'adresse leur portfolio (leurs parents, les membres de leur famille et l'enseignant) et ce qu'il doit comprendre pour que ces personnes apprécient leur apprentissage.

En tant qu'enseignants, il nous revient de trouver un équilibre entre notre part de travail et celle des élèves — il s'agit d'être à l'aise; il n'y a pas de bonne ou de mauvaise façon. Cet équilibre peut d'ailleurs varier d'une année à l'autre. En faisant votre choix, rappelez-vous que *la personne qui travaille le plus fort apprend le mieux.*

> *La vie est complexe. Chacun d'entre nous doit trouver son chemin dans la vie. Il n'existe ni manuels, ni formules toutes faites, ni réponses faciles.*
> *Le chemin convenant à une personne ne convient pas à une autre... Le voyage de la vie est une route non pavée, mal éclairée et dépourvue de signalisation. C'est comme un sentier dans la nature sauvage.*
>
> Traduction libre de M. Scott Peck

Éclairer notre propre apprentissage

Demandez à vos collègues de quelle façon leurs élèves s'impliquent dans la collecte et l'organisation de leurs preuves d'apprentissage. Soyez à l'écoute des idées qui peuvent vous aider, et des façons de faciliter l'engagement des élèves. Notez vos idées.

Pensez aux preuves que vos élèves doivent produire et à ce que vous voulez que les lecteurs des portfolios apprennent en consultant l'ensemble de ces preuves. Notez vos réflexions.

Consultez-les au moment de décider de quelle façon vos élèves vont réfléchir et collecter les preuves de leur apprentissage pour les partager avec les autres. Quand votre plan sera établi, passez à l'action.

Éclairer l'apprentissage des élèves

Continuez à engager les élèves dans l'évaluation formative :

1. Demandez-leur de rassembler des preuves d'apprentissage qui se rapportent à une unité de travail. Rappelez-leur qu'ils peuvent avoir des preuves différentes, selon leur façon de montrer ce qu'ils ont appris.

2. Demandez de temps à autre aux élèves de donner des preuves indiquant qu'ils ont atteint les objectifs d'apprentissage, et notez la raison pour laquelle ils trouvent les preuves choisies concluantes.

3. Encouragez les élèves à employer les termes que vous avez choisis ensemble pour établir les critères, afin d'alimenter leur réflexion et de favoriser les rétroactions descriptives et spécifiques.

Communiquer à propos de l'apprentissage

*[...] nous pouvons en dire un peu plus
de la réalité. Quand nous le faisons,
nous cessons de prétendre que la
performance ou l'intelligence globale
d'un élève peut se résumer à un chiffre.*

Traduction libre de Peter Elbow

Communiquer à propos de l'apprentissage

Autrefois, les échanges informels — comme les conversations dans les corridors ou au hasard des rencontres, les notes envoyées à la maison, les rencontres au centre commercial local, ou un appel téléphonique — aidaient à maintenir de bonnes relations entre l'école et la maison. Ces échanges fortuits permettaient de garder les élèves, leurs familles et les enseignants en communication les uns avec les autres.

De plus en plus, en raison d'horaires familiaux de plus en plus chargés, de la vie quotidienne plus complexe et du flot d'information qui inonde même les mieux organisés d'entre nous, nous avons moins de temps pour nous informer — même si de nombreux parents veulent en savoir davantage. Ajoutons à cela le défi posé par la diversité croissante et les valeurs changeantes de nos communautés. Nous pouvons parfois nous demander s'il existe un lien commun qui nous permette de nous rencontrer. Ce lien existe. Les familles, le personnel des écoles et les enseignants se rejoignent dans leur préoccupation à l'égard des élèves. Nous voulons tous le meilleur pour chacun d'eux, même si nous l'exprimons parfois de différentes façons.

Des communications efficaces

Une solution à ce défi de trouver des façons de communiquer consiste à impliquer les élèves. Quand les élèves communiquent entre eux à propos de leur apprentissage, ils peuvent comprendre ce qu'ils ont appris, ce qu'ils doivent apprendre, et quel type d'aide ils peuvent trouver. Ils reçoivent, d'eux-mêmes et des autres, une rétroaction et une reconnaissance qui guident et soutiennent leur apprentissage. Le processus de préparation et de présentation des preuves d'apprentissage donne aux élèves l'occasion d'étayer leur compréhension et celle des autres à cet égard. Ils apprennent ainsi à s'autoréguler — une habileté essentielle tout au long de la vie pour devenir des apprenants indépendants et autonomes.

Quand les parents ou les personnes responsables assistent à des présentations qui mettent en évidence les apprentissages des élèves, ou à des rencontres parents-élèves, ils sont davantage en mesure d'apprécier leur enfant en tant qu'apprenant, le niveau de développement de ses habiletés, l'ampleur des programmes scolaires, et les efforts qu'il est nécessaire de consacrer à chacun pour rendre l'apprentissage possible. Quand les gens présents sont invités à réagir, ils reconnaissent et soutiennent l'apprentissage, en donnant aux élèves une précieuse rétroaction.

Cette communication efficace à propos de l'apprentissage peut se décomposer en quatre parties:

- Les élèves rassemblent et préparent leurs preuves d'apprentissage.
- Les élèves présentent ou démontrent des exemples des apprentissages qu'ils ont réalisés.
- Les parents réagissent aux présentations des élèves.
- Cette rétroaction favorise l'apprentissage continu.

Les élèves rassemblent et préparent leurs preuves d'apprentissage

Quand les élèves s'impliquent dans la préparation et l'organisation d'une présentation s'adressant à un public particulier, le message a de meilleures chances d'être compris. Cela est en partie dû au fait que les élèves ont une bonne idée sur la meilleure façon de communiquer avec différentes personnes. Il peut s'agir de parents, de membres de la famille, d'amis de la famille, d'élèves d'autres classes ou de membres de leur communauté. Savoir quel sera le public aide à personnaliser la présentation et à la rendre plus appropriée et informative.

Les enseignants peuvent trouver des moyens pour faciliter une communication efficace entre les élèves et leurs pairs, les parents et la communauté scolaire. Par exemple, une classe a invité les parents à une visite portes ouvertes en après-midi, et les élèves ont présenté le programme de leur classe en faisant une lecture théâtrale (Nye, 1999). L'engagement des élèves permet à l'enseignant de changer de rôle, passant de celui de communicateur à celui de guide et d'organisateur pour les élèves qui présentent ou démontrent des exemples de leur apprentissage. Il existe d'autres méthodes, où l'on fait usage de lettres informatives conçues par les élèves, de leurs réflexions et d'échantillons de leurs travaux, de démonstrations d'exemples d'apprentissage à la maison ou à l'école, et de rencontres avec les élèves et les parents.

Figure 9.1 Les attentes de l'équipe de l'école Beauséjour

Attentes de l'équipe de l'école Beauséjour	Ce que j'ai fait /Veuillez noter...
1. Me responsabiliser vis-à-vis de mon apprentissage	J'ai écouté ce que l'enseignante disait et j'ai fait mes devoirs.
2. Comprendre que le travail en équipe est essentiel	Je coopère et j'aide mon groupe. Si je ne le faisais pas, ce serait difficile.
3. M'engager activement dans la réflexion et la résolution de problèmes complexes	J'ai aidé à résoudre ce problème : comment bien utiliser tous nos matériaux.
4. Pouvoir reconnaître et produire des travaux et des présentations de qualité	Je pense l'avoir démontré en participant à l'« Expo-sciences ». J'ai fait un bon travail. J'ai eu du plaisir et j'ai travaillé fort.

Commentaires de l'enseignante _____

_____

Je suis particulièrement fier de ma participation à   l'« Expo-sciences ».
J'ai travaillé fort et je pense que mon invention était la meilleure !

_____

J'aimerais améliorer ces aspects :   Ne pas interrompre l'enseignante aussi souvent
pour lui demander de l'aide. Lui demander si elle peut expliquer davantage afin
que je comprenne mieux.

Commentaire des parents ou personnes responsables _____

_____

_____

_____
Signature de l'élève

Les lettres d'information conçues par les élèves

Les lettres d'information conçues par les élèves éclairent les parents sur le programme de la classe et l'apprentissage de l'élève. Les élèves travaillent individuellement ou en petits groupes, et sont responsables de communiquer l'apprentissage quotidien qui a lieu dans leur classe. La rédaction des lettres d'information est une expérience profitable pour les élèves, leurs efforts étant dirigés vers un objectif précis et un réel auditoire. Cela requiert de leur part qu'ils rassemblent des preuves et expriment clairement leur apprentissage aux autres.

Les réflexions des élèves et les échantillons de travaux

Les enseignants demandent aux élèves de réfléchir et de noter leurs réflexions à propos de leur travail, car cela les aide à apprendre. Ces réflexions deviennent pour eux un bon moyen de parler de leur apprentissage avec leurs parents. Ces renseignements peuvent inclure des échantillons de travaux scolaires apportés à la maison (par exemple, deux travaux de mathématiques illustrant une progression, un portfolio comprenant les meilleurs travaux, une photographie de l'élève au travail accompagnée d'une note expliquant ce qu'il apprend, ou une vidéocassette montrant les élèves en action). Les élèves y joignent des réflexions en lien avec les critères qui sont choisis pour illustrer un éventail d'expériences et qui permettent aux parents de voir l'ampleur du travail fait en classe, beaucoup mieux que ne le ferait une simple preuve « papier-crayon ».

Ce type de communication tient les parents informés et aide les élèves à réaliser que les autres se préoccupent de leur travail. Les formulaires de commentaires, une fois remplis, donnent aux élèves une rétroaction supplémentaire de leur apprentissage et aident les enseignants à comprendre ce qui importe aux parents.

Les démonstrations d'apprentissage

Parfois, les démonstrations à la maison, à l'école ou en ligne sont un bon moyen pour les élèves de montrer à leurs parents ce qu'ils ont appris. Les élèves peuvent apporter à la maison un jeu de mathématiques, le matériel d'une expérience scientifique, un instrument de musique, une présentation filmée, un livre à lire à voix haute ou de l'information sur une activité en ligne, et inviter leurs parents à réagir.

L'enseignant peut parfois organiser une démonstration de l'apprentissage qui aura lieu à l'école, ou sera publiée sur le site Web de l'école. Il peut s'agir d'une activité familiale telle qu'une soirée de mathématiques où les élèves montrent aux parents des jeux appris lors des jours de pluie, d'une rencontre parents-élèves au cours de laquelle les élèves montrent leurs portfolios aux parents et aux membres de leur famille, d'échantillons de travaux scolaires, d'une expérience scientifique conduite par les élèves devant les parents dans le laboratoire de sciences, d'exemples de travaux publiés par les élèves, ou d'un programme ou d'une simulation en ligne réalisés en équipe.

Figure 9.2 Imagine-toi cela

Lors d'une séance d'enseignement en plein air, ce week-end, j'ai fait du kayakisme sur l'océan. C'était très difficile au début, mais quand j'ai appris comment ressortir de l'eau après avoir chaviré, c'est devenu beaucoup plus amusant. Cela m'a aussi aidé à rester hors de l'eau froide plus longtemps.

P.-S. Mon amie Raphaëlle Parisé a pris cette photo.

Source : Traduit et adapté de Gregory, Cameron et Davies (2001).

Figure 9.3 La rétroaction des parents : Félicitations à tous !

> # Félicitations à tous !
>
> Nous vous avons vus à la soirée d'information et nous aimerions vous dire que
>
> — nous avons aimé votre lecture de poèmes
>
> — cela nous a fait rire
>
> — nous vous entendions bien, même à l'arrière
>
> Les parents de Benoît

Figure 9.4 Chers invités

> **Chers invités,**
>
> Bienvenue dans notre classe. Laissez-vous guider par votre enfant. Ce dernier vous montrera ce que nous faisons à l'école.
>
> 1. Visitez les centres d'apprentissage de notre classe en compagnie de votre guide. Posez-lui beaucoup de questions. À chaque centre d'apprentissage, votre guide vous demandera de participer à une activité.
>
> 2. Votre guide pourra aussi vous montrer :
>   - un portfolio et une collection d'évaluations
>   - des exemples de travaux et de carnets de notes
>   - un de ses livres préférés
>   - un de ses logiciels favoris
>   - une exposition de livres à la bibliothèque
>
> 3. À la fin de votre visite, votre guide vous demandera de remplir un formulaire de commentaires. Nous vous suggérons d'y inscrire deux forces et un défi qui sont en lien avec les apprentissages de votre enfant.
>
> Mme Arsenault

Dans la plupart des écoles, les élèves doivent démontrer leur apprentissage d'une façon ou d'une autre au cours de l'année scolaire. Certaines organisent des événements tels que des concerts, des pièces de théâtre, des rencontres de suivi, des expositions de travaux artistiques ou des débats formels. Dans ces occasions, les enseignants apprennent des façons de susciter les rétroactions de l'auditoire. Cela inclut de demander aux élèves d'accueillir les spectateurs en décrivant les exemples d'apprentissage qu'ils démontreront, de faire leur présentation et de les inviter à réagir. Leurs réactions procurent une rétroaction aux élèves et une reconnaissance de ce qu'ils ont appris.

Les rencontres parents-élèves

Les rencontres parents-élèves donnent aux élèves l'occasion de partager leur apprentissage avec les parents. Les enseignants aident les élèves à se préparer pour ces rencontres, qu'elles aient lieu à la maison ou à l'école. Les élèves ont un agenda, des preuves bien organisées de leur apprentissage telles que leur carnet de notes, projets ou portfolio, et une présentation particulière à réaliser, comme une lecture à voix haute. Une discussion dirigée par l'élève a lieu alors qu'il fait part de ses preuves d'apprentissage. À la fin de la rencontre, les élèves demandent à leurs parents de leur donner une rétroaction en remplissant un formulaire de commentaires. Les parents et les élèves fixent parfois des objectifs pour la suite de l'apprentissage.

Quand elles ont lieu à l'école, ces rencontres peuvent prendre différentes formes. L'enseignant peut demander à cinq élèves de prendre en charge leur rencontre avec leurs parents pour une période de 30 minutes. Ces élèves sont responsables de l'animation de la rencontre ; pendant ce temps, l'enseignant rencontre chaque famille pendant quelques minutes. L'enseignant peut aussi organiser autant de rencontres parents-élèves que l'espace dans la classe lui permet, et se rendre disponible pour répondre aux questions. Le choix des enseignants concernant le nombre de rencontres parents-élèves à organiser en même temps dépend de l'objectif, des besoins des élèves et de leur famille, et du niveau d'aisance de l'enseignant avec ce processus.

Dans l'exemple suivant, les rencontres ont été organisées sur le thème de « centres ou stations d'apprentissages ». Ces rencontres ont eu lieu environ deux semaines avant la fin du semestre.

Figure 9.5 Chers parents

Chers parents,

Nous vous demandons de bien vouloir livrer vos commentaires concernant l'apprentissage de votre enfant à la fin de cette soirée de mathématiques. Quand les élèves savent qu'ils ont bien fait, ils se sentent bien, relèvent les défis avec plus d'enthousiasme, et l'apprentissage devient plus facile. Dans l'espace ci-dessous, veuillez formuler deux forces et un défi pour votre enfant.

Merci

Deux forces adressées à : *Marianne*

- *Ta façon d'apprendre les mathématiques et le fait que tu aimes cela.*

- *Tu es toujours contente en revenant de l'école; tu aimes apprendre.*

Un souhait :

Que tu continues à aimer apprendre et que tu n'aies pas peur de poser des questions et de trouver de nouvelles façons de résoudre les problèmes.

De : *Maman et papa*

Le nombre de centres ou de stations d'apprentissage variait entre 4 et 12, selon les classes. Les élèves ont invité leur famille, et leur ont fait visiter les différents centres. La plupart des enseignants ont encouragé les familles à s'inscrire à une des deux heures prévues pour l'événement. Cette ambiance de «visite libre» permettait aux familles de demeurer sur place pendant au plus une heure, à leur convenance.

Dans chacun des centres, les parents ont participé à une activité que l'élève expérimentait en classe à cette période de l'année. Cela incluait des activités comme la construction de motifs complexes à l'aide de blocs de construction, la résolution d'équations, l'utilisation de modèles pour la composition de poèmes, la lecture d'un livre, un démontage au «centre de déconstruction» ou la consultation du portfolio de l'élève. Les enseignants ont affiché des avis expliquant aux familles de quelle façon les activités décrites étaient liées aux objectifs d'apprentissage et ont suggéré quelques questions à poser à leurs enfants. Les élèves s'étaient préparés pour expliquer le contenu des centres d'apprentissage, montrer d'autres travaux associés aux activités du centre et répondre aux questions des familles. À leur arrivée, les visiteurs recevaient une note leur expliquant ce qui se passerait pendant la visite.

Les rencontres parents-élèves constituent une part importante de la communication à propos de l'apprentissage, mais elles ne remplacent pas les rencontres avec l'enseignant. Quand il est question d'évaluation, la personne responsable de l'évaluation (l'enseignant) se doit d'être présente. Les rencontres entre l'enseignant, l'élève et les parents constituent l'occasion idéale de le faire (*voir le chapitre 10*).

La réaction de l'auditoire

Chaque fois que les élèves parlent de leur apprentissage avec leurs parents ou d'autres personnes, c'est une bonne idée de leur demander de réagir. Toute personne dont l'opinion a une valeur pour l'élève peut constituer un auditoire fournissant une rétroaction qui soutient l'apprentissage. Cela devient une bonne occasion d'approfondir la relation entre l'élève et l'auditoire et de rehausser la compréhension et l'appréciation des efforts de cette jeune personne. La rétroaction peut être aussi simple qu'un formulaire demandant au parent ou au membre de l'auditoire de noter un point positif sur l'apprentissage, de poser une question, de donner un conseil ou de suggérer une amélioration.

Figure 9.6 Le sondage sur la soirée de mathématiques

Sondage sur la soirée de mathématiques

Chers élèves et chers parents,

La rétroaction est essentielle dans l'apprentissage — nous devons savoir ce qui va bien (pour continuer de le faire) et ce qui va moins bien (pour trouver des solutions). Aidez-nous à apprendre comment mieux travailler en répondant à ce petit sondage. Vous n'avez pas à le signer, mais veuillez me le retourner une fois rempli.

Merci

Deux points positifs à propos de la soirée de mathématiques :

Nous avons pu constater les progrès dans le travail et la confiance de notre fils. Nous avons aimé voir la variété de ses travaux en mathématiques. J'ai surtout apprécié le fait qu'il se sentait à l'aise. Il était fier de nous montrer ses accomplissements. J'ai aussi aimé son agenda. Il est ordonné pour noter ses travaux et bien préparé.

Y a-t-il une chose que vous aimeriez le voir faire, la prochaine fois ?

Il est important que notre fils nous montre ce qu'il a appris, mais nous voulons aussi savoir ce que vous pensez. Est-il possible de vous rencontrer lors de la soirée de remise des bulletins le mois prochain ? L'an dernier, l'enseignante devait avoir plusieurs rendez-vous, car nous n'avons pu la voir individuellement. Pouvons-nous nous inscrire si nous voulons vous parler ?

Source : Traduit et adapté de Politano et Davies (1994, p. 107).

L'enseignant suscite la rétroaction

Chaque fois que nous demandons aux élèves de parler de leur apprentissage avec les autres, il est important d'effectuer un suivi pour savoir si cela a été profitable aux élèves et à l'auditoire. Même animés des meilleures intentions, nous pouvons commettre des erreurs. Nous devons savoir ce qui fonctionne ou non, afin de pouvoir continuer à améliorer nos approches pédagogiques concernant l'apprentissage.

Demandez aux élèves et aux parents ce qui a fonctionné, et ce qui n'a pas fonctionné. Faites attention à ce que vous demandez. Il peut suffire de leur demander de donner une ou deux forces et un défi. Il est préférable que les formulaires de commentaires soient anonymes, de sorte qu'élèves et parents soient plus à l'aise en exprimant leurs pensées.

Tenez les élèves et les parents au courant en publiant un résumé des commentaires sur le site Web de la classe, ou demandez aux élèves d'inclure ce résumé dans la prochaine lettre d'information qu'ils rédigeront pour leurs parents.

Trouver votre style

Quand nous faisons en sorte que les élèves participent activement dans les communications à propos de leur apprentissage, nous les invitons, de même que leurs parents, à avoir des conversations intéressantes avec nous et d'autres personnes à ce sujet. Il n'y a pas de *bonne* ou de *meilleure* façon de s'y prendre. Choisissez la méthode ou la combinaison de méthodes qui conviennent à vous, aux élèves et à leurs parents, dans votre milieu scolaire.

Il est bon que le voyage ait une fin,
mais à la fin, c'est le voyage
qui importe.

Traduction libre de Ursula Le Guin

Éclairer notre propre apprentissage

Notez vos idées concernant vos pratiques actuelles de communication. Réfléchissez aux questions suivantes :

- Comment communiquez-vous actuellement avec les autres à propos de l'apprentissage ?

- Comment vos élèves s'impliquent-ils ?

- Comment pouvez-vous améliorer l'implication des élèves ?

- Quel équilibre vous semble le meilleur pour les élèves avec qui vous travaillez ?

- Vos élèves ont-ils besoin d'en faire plus ? Comment pouvez-vous leur simplifier la tâche afin qu'ils en fassent plus ?

Avec quelques collègues, échangez vos idées sur ce qui fonctionne bien. Accumulez des exemples. Discutez de façons simples d'améliorer l'implication des élèves. Revoyez votre stratégie de communication.

Éclairer l'apprentissage des élèves

Commencez à améliorer l'implication des élèves en leur demandant de communiquer avec les autres à propos de leur cheminement et de leurs preuves d'apprentissage. Voici quelques suggestions :

1. Divisez l'espace du babillard de la classe afin que chaque élève ait son espace personnel d'affichage. Les élèves peuvent afficher leurs travaux personnels accompagnés d'une note qui explique la raison de leur sélection, et ce qu'ils aimeraient que l'on remarque à propos de leur travail.

2. Dites aux élèves de trouver des preuves d'apprentissage pour les montrer aux autres :

   - le travail dénotant l'amélioration la plus notable

   - le travail ayant le plus besoin de corrections

   - le travail qui leur a demandé le plus de persévérance

3. Aidez les élèves à obtenir des rétroactions en incluant des notes telles que : «Voici ce que j'aimerais que vous remarquiez dans mon travail...»

4. Suggérez-leur de constituer un portfolio qui souligne les preuves rassemblées par les élèves qui sont en lien avec le cours ou les objectifs d'apprentissage d'une matière au programme.

L'évaluation et la notation

*Quand nous attribuons une note
ou faisons des commentaires qui
se veulent objectifs, impersonnels
ou applicables à tous, nous ne sommes
pas loin — et je mesure mes paroles
— de mentir.*

Traduction libre de Peter Elbow

L'évaluation sommative et la notation

L'évaluation sommative et la notation ont lieu lors d'une pause dans l'apprentissage. On évalue alors les preuves d'apprentissage regroupées en les comparant aux besoins d'apprentissage des élèves. Par la suite, les résultats de l'évaluation sommative sont reportés dans un bulletin. Les bases de l'évaluation sommative et de la notation sont assez solides lorsque l'enseignant approfondit la description de l'apprentissage (*voir le chapitre 3*), explique quelles formes l'atteinte des objectifs peut prendre pour les élèves (*voir le chapitre 4*), et détaille les preuves d'apprentissages qui seront requises (*voir le chapitre 5*). Quand vient le moment de l'évaluation, l'enseignant se réfère à ces mêmes descriptions de ce qui a été appris et passe en revue les preuves rassemblées par les élèves, de même que celles qu'il a lui-même collectées.

Il se sert ensuite de son jugement professionnel pour procéder à une évaluation sommative. Il communique cette évaluation aux parents et aux élèves, et la reporte selon la méthode utilisée. L'évaluation et la notation sont simplement les dernières étapes d'un processus d'évaluation en classe qui a commencé, en fait, beaucoup plus tôt.

Travailler ensemble

L'évaluation sommative et la notation requièrent l'exercice d'un jugement professionnel quand vient le temps de répondre à ces quatre questions :

- Qu'est-ce que l'élève sait, qu'est-il capable de faire et que peut-il exprimer clairement ?
- Quels aspects de son apprentissage méritent une attention particulière ?
- De quelles manières peut-on soutenir l'apprentissage de l'élève ?
- Comment l'élève progresse-t-il en fonction des attentes de son niveau d'étude ou de son groupe d'âge ?

Les enseignants, les élèves et les parents ont tous un rôle à jouer dans le processus d'évaluation et de notation. Les élèves doivent apprendre et démontrer leurs acquis au cours de leur apprentissage. Ils se préparent à l'évaluation sommative et à la notation en organisant leurs preuves d'apprentissage, en résumant leurs points forts, leurs besoins et leurs objectifs. Ils présentent ces preuves pour rendre compte de leur apprentissage et sont réceptifs aux rétroactions. Ils se fixent ensuite des objectifs pour la suite de leur apprentissage.

Les parents participent en étant à l'écoute, en observant, en posant des questions et en appréciant ce que leur montre leur enfant. Ils interprètent les preuves d'apprentissage accompagnées de réflexions que les élèves leur présentent, de même que les commentaires donnés par l'enseignant. Ils ajoutent leurs propres observations à propos de leur enfant en tant qu'apprenant.

Étant donné leur responsabilité professionnelle, les enseignants sont les arbitres et les évaluateurs du travail effectué. Ils aident les élèves à communiquer leur apprentissage à leurs parents, et se rendent eux-mêmes disponibles pour discuter de leur évaluation et des moyens à prendre pour mieux soutenir l'apprentissage.

Figure 10.1 Des exemples d'objectifs

> **Vérification des progrès**
>
> Objectif :
>
> Développer un intérêt pour la vie étudiante et toutes ses facettes.
>
> J'ai atteint cet objectif de cette façon :
>
> J'ai régulièrement aidé les élèves à planifier des activités favorisant la collaboration et la camaraderie au sein de l'école, et j'ai évalué ces activités.
>
> Je vais poursuivre dans le même sens en :
>
> aidant à améliorer la participation générale des élèves et du personnel enseignant aux activités, etc.

Un processus subjectif

Le processus d'évaluation sommative et de notation inclut : évaluer les preuves d'apprentissage, impliquer les élèves et les parents dans l'analyse de ces preuves, résumer les points forts et les domaines ou aspects où une amélioration est souhaitable, et procéder à la notation finale.

La vie professionnelle de l'enseignant serait plus simple si l'évaluation sommative et la notation étaient neutres et objectives, mais ce processus comporte une subjectivité qui lui est inhérente.

Plus les preuves d'apprentissage sont fiables et pertinentes, et plus longue est la période pendant laquelle elles ont été collectées, meilleure est la confiance que tous peuvent avoir envers l'évaluation sommative. Par ailleurs, quand les élèves et leurs parents s'impliquent dans l'examen des preuves d'apprentissage et se prononcent sur le sens de l'évaluation, les jugements portés sont susceptibles d'être raisonnables. En observant les tendances et les modèles au fil du temps, en se basant sur des sources variées (par la triangulation) de preuves d'apprentissage fiables et pertinentes, l'enseignant peut procéder à la notation de manière responsable.

Il faut faire attention...

Dans l'évaluation sommative, les enseignants doivent se montrer très prudents quand ils utilisent des chiffres (résultats) obtenus lors de tests d'évaluation de la performance. Si la rétroaction est évaluée et notée sous forme de chiffres, ces derniers ne peuvent être additionnés avec d'autres chiffres en vue d'établir une moyenne. C'est comme si on additionnait des mangues, des pommes de terre, des pommes et des arbres. Vous pouvez toujours trouver une formule pour le faire, mais le résultat n'aurait pas de sens au point de vue des mathématiques. Plutôt qu'additionner des chiffres qui ne peuvent l'être, essayez plutôt d'évaluer la preuve d'apprentissage en fonction de la description de l'objectif.

Figure 10.2a Le formulaire de rencontre élève-enseignant-parents

Formulaire de rencontre élève-enseignant-parents
Nom : _____ Date : _____
Les objectifs que je me suis fixés cette année :
Objectif 1 : _améliorer la qualité de mes devoirs en maths — moins de cinq erreurs_
Objectif 2 : _améliorer mes habiletés en écriture — rédiger au moins cinq productions écrites_

L'élève va :	Le parent va :	L'enseignant va :
Montrer mes devoirs à maman. Aller moins vite en maths, demander de l'aide.	Objectif 1 : vérifier les devoirs et le questionnaire en mathématiques. Objectif 2 : lire les productions écrites et faire des suggestions.	Bien corriger le travail en maths dans les meilleurs délais. Offrir mon aide. Préciser mes attentes pour les productions écrites.

Évaluer les preuves d'apprentissage

L'évaluation sommative est un processus dans lequel on analyse toutes les preuves d'apprentissage en les comparant aux descriptions et aux normes de qualité, pour répondre à la question : « Cet élève a-t-il appris ce qu'il devait apprendre ? L'a-t-il bien appris ? » Quand on s'engage dans une évaluation sommative, on détermine la valeur des preuves — en les estimant en fonction de l'excellence ou du mérite. Si on ne faisait qu'additionner les notes dans nos dossiers, des preuves d'apprentissage importantes risqueraient de ne pas être considérées. Pour bien évaluer, il faut tenir compte de *toutes* les preuves — les observations, les productions et les conversations. Ces preuves nous permettent ensuite de déterminer si un élève a satisfait aux attentes liées à son niveau d'étude.

La triangulation des preuves d'apprentissage — qui consiste à obtenir des preuves de trois sources différentes — est essentielle, car elle met en contexte des preuves individuelles. Comme un juge doit examiner l'ensemble de la preuve en fonction des lois, les enseignants doivent examiner l'ensemble des preuves à la lumière des résultats d'apprentissage. Il nous faut considérer la gamme complète des indicateurs — les preuves collectées par les élèves, les réflexions qu'ils ont faites, nos observations, la rétroaction en fonction des critères dans les projets ou les travaux, les grilles d'évaluation, et les notes obtenues dans les projets et les examens.

Figure 10.2b La lettre d'information de mi-semestre

Lettre d'information de mi-semestre

Par : _____

Mon objectif personnel pour ce semestre était :

_____

_____

_____

Veuillez noter de quelle façon :
• j'ai atteint mon objectif
• je poursuis mon objectif
• je me prépare à atteindre mon objectif

Vous pouvez le constater car :

_____

_____

_____

Commentaires des parents :

_____

_____

_____

Signature des parents : _____

Signature de l'élève : _____

Date : _____

La notation

On a longtemps vu la notation comme un événement ponctuel qui ne se produit que quelques fois durant l'année. C'est devenu un processus continu qui implique les élèves, les parents et les enseignants dans l'examen et l'analyse d'un apprentissage donné. Chaque fois que les élèves discutent de leur apprentissage avec leurs parents, ils contribuent à la notation. Ils y contribuent en apportant à la maison des échantillons de leurs travaux pour en discuter avec leurs parents. Ils y contribuent lorsqu'ils invitent leurs parents à un après-midi portes ouvertes pour leur montrer leur portfolio ou à participer à une rencontre entre enseignants, élèves et parents.

L'évaluation sommative *formelle* et la notation sont habituellement obligatoires. Ce processus d'analyse des preuves d'apprentissage consiste à avoir des conversations et des rencontres pour éclaircir le sens des preuves, et à consigner par écrit ces entretiens dans un dossier permanent.

De plus en plus, les enseignants impliquent leurs élèves dans ce processus de rencontres et de notation, en les invitant, avec leurs parents, à des rencontres élève-enseignant-parents. Le but de ces rencontres est d'examiner les preuves d'apprentissage, de souligner les points forts, de discuter des aspects qui doivent être améliorés et de fixer des objectifs. Elles ont lieu durant la période de notation en cours, de sorte que les parents ont accès à l'ensemble des preuves.

Les exemples suivants illustrent de quelle façon quatre enseignants utilisent ce processus en classe à l'élémentaire et au secondaire.

➤ Mme H a créé, pour sa classe de première année, une fiche d'observation où elle note ce qu'elle doit enseigner et observer dans les différentes matières. Quand le temps de la notation approche, elle demande aux élèves d'organiser leurs preuves d'apprentissage, de rassembler des échantillons pour leur portfolio évolutif, et de faire leur propre compte rendu. Dans leur compte rendu, les élèves notent leurs points forts, les aspects qui doivent être améliorés et leurs objectifs. Ils préparent ce qu'ils vont dire à leurs parents. Les parents répondent en inscrivant deux forces et un défi à relever. Mme H résume l'ensemble des preuves sur une fiche d'observation, rédige un rapport préliminaire et soumet son rapport et le compte rendu de l'élève aux parents.

Durant leur rencontre, l'élève, le ou les parents et l'enseignante passent en revue les points forts et les aspects qui doivent être améliorés. L'élève mène la rencontre et montre son portfolio évolutif, en expliquant ce qu'il a appris. Mme H fait part de son rapport préliminaire. Tous ensemble, ils fixent des objectifs et discutent des moyens de soutenir l'apprentissage. Après la rencontre, Mme H complète son rapport détaillé par un résumé des discussions de la rencontre. Elle lit le résumé à l'élève, lui demande de vérifier si un élément est incorrect ou a été omis. Une copie est archivée et l'autre est envoyée aux parents, les invitant à communiquer avec l'enseignante s'ils ont d'autres questions ou préoccupations à soumettre.

➢ M. M demande à ses élèves du premier cycle du secondaire d'organiser leurs preuves d'apprentissage, de rassembler des échantillons pour constituer leur portfolio évolutif et de préparer leur compte rendu personnel. Dans ces comptes rendus, les élèves notent leurs points forts, les aspects qui doivent être améliorés et leurs objectifs. M. M rédige un rapport préliminaire et le transmet aux parents, accompagné du compte rendu des élèves. Les parents sont également invités à passer en revue les preuves d'apprentissage et à rédiger un rapport pour leur enfant, en soulignant leurs points forts, les aspects qui doivent être améliorés et les objectifs. Durant leur rencontre, l'élève, le ou les parents et l'enseignant passent en revue les points forts et les aspects qui doivent être améliorés, et fixent des objectifs. Après la rencontre, le rapport est terminé, une copie est archivée et une autre est envoyée à la maison. Lors du suivi, M. M fait le bilan du processus avec les élèves, et les parents sont invités à demander une rencontre avec l'enseignant s'ils le désirent. M. M reçoit très peu de demandes en ce sens.

➢ Mme D enseigne l'univers social[3] au niveau secondaire. Au mi-semestre, les élèves notent leurs réflexions et indiquent leurs points forts et les aspects qui doivent être améliorés. Quand ils se rencontrent, les élèves lui montrent les preuves d'apprentissage qu'ils ont rassemblées et fixent des objectifs. Par la suite, à la fin du semestre, les élèves font une réflexion finale et décrivent leurs preuves d'apprentissage, démontrent qu'ils ont atteint les objectifs du cours et mettent la dernière main à leur présentation à l'aide d'un portfolio divisé en quatre sections. Ils rencontrent Mme D et lui présentent leurs preuves d'apprentissage. Mme D leur assigne alors une note exprimée en pourcentage.

➢ Mme L applique un processus semblable avec ses élèves dans ses classes de mathématiques au secondaire. Le portfolio permet de présenter des preuves d'apprentissage autres que celles démontrées dans les examens, questionnaires et travaux. Il compte pour 20 % de la note finale.

---

3. Ce cours est parfois nommé «études sociales».

L'évaluation et la notation

Figure 10.2c Le rapport détaillé des progrès de l'élève

École primaire
École de Belendroit, Commission scolaire Bellerive
Rapport détaillé des progrès de l'élève

Élève : C
Période couverte : de novembre à mars
Enseignant :   Niveau scolaire : 2

Ce rapport décrit les progrès de votre enfant en regard des compétences à développer dans le programme d'étude de son niveau scolaire.

Introduction :
___ est une élève consciencieuse et douée qui célèbre ses nombreux accomplissements avec fierté. Elle aime offrir son aide et fait souvent des suggestions créatives et positives en vue de résoudre des différends. Sa poursuite de l'excellence lui fait adopter une approche réflective dans son apprentissage, ce qui dénote une compréhension approfondie et une appréciation de l'importance des détails. Voici un aperçu de ses réalisations personnelles au cours de ce semestre :
- Elle a fait une lecture à deux d'un poème devant un auditoire, en démontrant d'excellentes qualités de présentation.
- Elle a persévéré dans la rédaction d'un récit comportant une intrigue complexe.
- Elle s'est familiarisée avec la nouvelle technologie qui lui permet de corriger ses travaux.

De plus, elle a travaillé fort pour atteindre ces objectifs du semestre précédent :
- placer plus souvent une majuscule au début des phrases ;
- se concentrer sur la terminaison et l'accord des verbes ;
- accélérer sa vitesse lors d'opérations mathématiques et de calculs ; et objectif personnel : apprendre à faire des soustractions difficiles.

Points forts/Accomplissements :
- elle lit des miniromans avec fluidité et améliore son expressivité (*Léon Maigrichon*[4]) ;
- elle utilise des stratégies choisies pour lire les mots inconnus : lire et relire, sauter le mot inconnu et relire la phrase du début, indices visuels et prédictions ;
- elle lit dans un but déterminé, fait des recherches sur un sujet et met ces habiletés en pratique pour écrire des mots clés qui décrivent l'apparence d'un dinosaure ;
- elle peut nommer les éléments principaux d'une histoire complexe, incluant le titre, l'auteur, l'illustrateur, les personnages, les événements principaux, l'intrigue et le dénouement ;
- elle développe des habiletés d'appropriation du portrait des personnages qu'elle rencontre en créant des voix pour ceux-ci ;
- elle écrit des textes plus complexes comportant un début avec présentation des personnages et une mise en scène, des détails plus significatifs et un langage descriptif, des dialogues, des descriptions d'événements menant à un climat et à un dénouement simples ;
- elle étudie le vocabulaire et la grammaire avec une facilité croissante ;
- elle peut comparer des éléments d'histoires différentes d'un même auteur ;
- elle peut nommer les éléments principaux d'un texte incluant l'auteur, le titre, les personnages et événements principaux, l'intrigue et le dénouement ;
- sa prononciation dénote une compréhension des consonnes, des voyelles, et de certains mots familiers ;
- elle peut additionner et soustraire les nombres jusqu'à 20 avec une précision et une vitesse appropriées ;
- elle peut reconnaître les classes de nombres jusqu'à 999 (centaines, dizaines, unités) et la notation détaillée (4 centaines, 7 dizaines et 9 unités = 400 + 70 + 0 = 479) ;
- elle apprend à additionner en faisant des regroupements et en utilisant un algorithme (278 + 106) ;
- elle peut calculer de manière autonome des nombres plus complexes (par centaines : 341, 441, 541) ;
- elle résout de manière autonome des problèmes mathématiques en appliquant des habiletés de réflexion créative et logique ;
- elle peut additionner et soustraire des nombres de trois chiffres sans faire de regroupement ;
- elle pratique la danse, le patin et le conditionnement physique pour développer son endurance et son équilibre.

Aspects à améliorer ou requérant une attention particulière :
Je n'ai actuellement aucune préoccupation concernant le développement personnel et scolaire de ___.

Objectifs et stratégies d'enseignement :
Objectifs :
- rédaction de textes de différents types ;
- relire ses premières versions pour corriger son orthographe, en particulier l'accord des verbes, l'emploi des majuscules et la ponctuation.
Stratégies d'enseignement :
L'enseignant va souligner les mauvais emplois ou omissions de majuscules, de ponctuation et d'orthographe en vue d'une correction.
___ sera incitée à :
- lire différents genres littéraires d'autres pays pour élargir son répertoire de lectures ;
- relire ses premières versions et vérifier l'orthographe, l'emploi des majuscules et la ponctuation.
Ses parents peuvent l'aider à corriger ses productions écrites à la maison.

Résumé :
___ fait d'excellents progrès dans tous les domaines de développement personnel et scolaire. Elle satisfait facilement aux attentes de son programme d'étude à ce stade, et sa lecture comme son écriture dépassent les attentes de son niveau. Elle mérite d'être félicitée pour ses accomplissements et ses efforts remarquables.

Enseignant _____   Directrice _____

Impliquer les élèves

Les enseignants constatent les avantages de montrer leurs rapports aux élèves avant de les envoyer à la maison, et de leur poser des questions telles que « Cela a-t-il du sens ? Cela reflète-t-il ton apprentissage ? Est-ce juste ? Ai-je oublié quelque chose ? ». Cela rehausse la validité de notre évaluation sommative, car nous ajoutons le point de vue de l'élève à l'éventail d'information que nous possédons déjà. Quand les élèves comprennent le bien-fondé de ces rapports, ils peuvent mieux les expliquer à leurs parents.

---

4. Dominique Demers, *Léon Maigrichon*, Montréal, Québec Amérique, coll. « Bilbo », 2000.

Figure 10.3 Les témoignages d'élèves

Témoignages d'élèves

« Cette rencontre a été profitable, car elle a donné à mes parents une bonne idée de ce que je fais à l'école. »

« J'ai aimé cela, car ma mère a pu dire à l'enseignante dans quelles activités j'ai de la facilité. De plus, j'ai pu indiquer à ma mère et à l'enseignante de quel type d'aide j'avais besoin. »

« J'ai beaucoup aimé cette rencontre parce que j'ai pu montrer à ma mère tout ce que je faisais et parce que moi et Mme R avons fixé un objectif : m'exprimer davantage et m'impliquer dans les conversations. Je pense que je me débrouille bien dans ce domaine. »

Figure 10.4 Les témoignages de parents

Témoignages de parents

« Selon moi, cela aide l'enfant à reconnaître les différentes facettes de son apprentissage et à avoir une vue d'ensemble pour mieux réussir. »

« Dans ces rencontres à trois, je discerne mieux quels sont les points forts et les besoins de mon enfant, et je peux faire de meilleures suggestions pour l'aider dans son travail. J'ai une idée plus juste de ce qu'on attend de lui à son stade d'apprentissage. »

« Je pense que ces rencontres constituent une part essentielle de la préparation du bulletin. Un bulletin ne donne pas toute l'information disponible. Ces rencontres représentent donc une occasion inestimable pour l'élève. »

Impliquer les parents

Pour la plupart des parents, pouvoir suivre de près la progression de leurs enfants à l'école représente un véritable défi. Dans un processus d'évaluation et de notation où l'élève, l'enseignant et les parents sont impliqués, ces derniers ont la possibilité de prendre part à l'examen des preuves d'apprentissage, d'écouter leur enfant parler de ses points forts et des aspects qui doivent être améliorés, de les aider à se fixer des objectifs pour l'apprentissage à venir et de déterminer des stratégies pour soutenir l'apprentissage de l'élève.

En plus d'écouter leur enfant et d'examiner les preuves d'apprentissage, les parents ont besoin d'écouter l'enseignant et d'entendre ses réponses à toutes les questions qu'ils peuvent se poser sur l'apprentissage de leur enfant. Après la rencontre et une fois achevé le processus de notation, les enseignants peuvent inviter les parents à communiquer avec eux pour leur exprimer toute question ou préoccupation qu'ils pourraient avoir à propos de l'apprentissage de leur enfant. Pour inviter les parents à donner leur rétroaction, certains enseignants leur font parvenir un questionnaire de suivi.

Améliorer tout en respectant les règles

Pour bien des enseignants et des administrateurs, l'obligation de suivre à la lettre des directives de notation semble contradictoire avec celle de soutenir l'apprentissage de l'élève. Dans leur ouvrage *Teen Trends : A Nation in Motion* (1992), Bibby et Postersky emploient l'expression *en équilibre avec les exigences* quand ils suggèrent des moyens d'améliorer les choses tout en se conformant aux règles établies.

Si certains enseignants peuvent faire la notation et le bulletin à l'aide de commentaires écrits ou d'anecdotes, d'autres doivent utiliser les symboles qui figurent dans les bulletins pour résumer l'apprentissage. Voilà un domaine où les enseignants peuvent « équilibrer en regard des exigences ». L'ensemble des recherches concernant la notation établie à l'aide de lettres est bien résumé par Kohn (1999). Il dit que les lettres peuvent correspondre à trois résultats différents : apprentissage peu impressionnant, peu d'intérêt

89

Figure 10.5 Les témoignages des enseignants

Témoignages des enseignants

« Lors d'une rencontre avec le parent et l'élève, vous pouvez montrer au parent ce que l'élève peut faire et en discuter avec lui. Vous pouvez comprendre ce que chaque parent veut savoir à propos de son enfant, en ce qui a trait à l'évaluation et à la préparation du bulletin. Cela allège mon travail puisque cette rencontre a lieu avant que je termine le bulletin… Les parents n'ont pas de surprises, et je peux livrer un compte rendu individuel et fait sur mesure pour chaque élève. »

« Pour les élèves de 13 et 14 ans, on remarque un sentiment d'attention personnalisée et de satisfaction à l'égard de l'ensemble du processus. Il n'y a pas d'idées disparates. Ces rencontres élève-enseignant-parents sont le meilleur moyen d'instaurer un sens des responsabilités chez l'élève, vis-à-vis de son propre apprentissage. »

« Quand un enfant de cinq ans partage avec nous son portfolio évolutif et nous montre les travaux qu'il a faits pour atteindre ses objectifs, c'est une véritable occasion d'apprentissage, d'enseignement et d'évaluation en une seule opération. »

dans l'apprentissage et peu de désir pour un apprentissage stimulant. Il recommande, dans le cas où vous devez établir la notation avec des lettres, de le faire le moins possible. La notation établie par lettres peut constituer un obstacle à l'apprentissage de l'élève — ainsi, les meilleurs enseignants « équilibrent en regard des exigences ». Harlen et Deakin-Crick (2003) ont résumé les recherches portant sur la motivation, les examens et l'apprentissage, et sont arrivés aux mêmes conclusions.

Il ne nous appartient pas, en tant qu'enseignants, de réécrire les règles de notation, mais nous pouvons réfléchir à la meilleure façon de nous y conformer, dans le meilleur intérêt de l'élève et de son apprentissage. Là où la loi oblige encore les enseignants à utiliser une notation par lettres, de plus en plus d'enseignants rencontrent leurs élèves et discutent avec eux de ce qui est pris en compte dans leur apprentissage, leur expliquent comment on peut atteindre une lettre avant la fin du semestre, et les impliquent dans le processus de rencontre et de notation. Cela ne justifie pas la notation par lettres, mais cela contribue à l'améliorer quelque peu. Voici quelques exemples illustrant de quelle façon des enseignants utilisent des descriptions de la qualité ou des commentaires écrits dans la notation des bulletins.

- Mme C donne un cours à des étudiants qui terminent la dernière année de leur baccalauréat. Elle communique aux étudiants les résultats d'apprentissage, et une description correspondant à chaque lettre utilisée dans la notation. Elle établit avec eux les critères se rapportant à chaque travail. À la fin du cours, lors d'une rencontre avec elle, les étudiants peuvent lui présenter leurs preuves d'apprentissage en fonction des objectifs du cours. Elle passe en revue l'ensemble des preuves et, à l'aide des descriptions correspondant à chacune des lettres de notation, elle détermine les notes finales des étudiants de ce cours.
- Mme G donne le cours d'anglais du premier cycle du secondaire. Elle a établi ce que les élèves doivent apprendre et a déterminé les preuves d'apprentissage qu'elle collectera et, comme elle doit attribuer à ses élèves une lettre de notation de A, B, C+ ou C, elle a décrit l'apprentissage et les preuves correspondant à chaque lettre. Elle a communiqué ces descriptions aux parents et aux élèves. Avant la notation, les élèves organisent leurs preuves d'apprentissage dans leur portfolio et les révisent pour s'assurer qu'ils ont inclus tout ce qu'il faut pour justifier leur note. Mme G examine l'ensemble des preuves, incluant les notes qu'elle a inscrites et ses propres observations, et évalue l'apprentissage. L'élève se voit attribuer la lettre de notation qui correspond aux preuves d'apprentissage. Chaque élève reçoit une copie de l'évaluation de Mme G.

Figure 10.6 L'atelier de lecture

Atelier de lecture

Quelle est la tendance ?
Quel est le modèle ?

L'élève peut, de manière autonome et régulière...	L'élève peut...	L'élève peut...
• écrire des notes et des réactions de haute qualité dans son carnet de lecture (en utilisant et en surpassant les critères) • choisir des lectures convenant à son niveau de lecture • lire avec autonomie (comme l'indiquent plusieurs réactions et notes prises à l'école ou à la maison) • poser des questions réfléchies et y répondre pour analyser des textes • réfléchir à son apprentissage et démontrer clairement sa compréhension d'une lecture • écrire des réponses complètes et démontrer une très bonne compréhension du texte en donnant plus de trois éléments d'information ou détails pertinents, et en faisant montre de réflexions judicieuses sur le texte	• écrire des notes et des réactions de qualité dans son carnet de lecture (en utilisant et en satisfaisant les critères) • choisir avec un peu d'aide des lectures convenant à son niveau de lecture • lire souvent avec autonomie (comme l'indiquent plusieurs réactions et notes prises à l'école ou à la maison) • poser souvent des questions réfléchies et y répondre pour analyser des textes • réfléchir à son apprentissage et, avec un peu d'aide, démontrer clairement sa compréhension d'une lecture • écrire des réponses complètes et démontrer une assez bonne compréhension du texte. Les éléments d'information ou détails choisis sont pour la plupart corrects, mais certains peuvent être non pertinents ou sans rapport avec le texte.	• écrire des notes et des réactions partielles dans son carnet de lecture (en essayant de respecter les critères) • a besoin de beaucoup d'aide pour choisir des lectures convenant à son niveau de lecture • lire parfois avec autonomie (comme l'indiquent plusieurs réactions et notes prises à l'école ou à la maison) • poser parfois des questions réfléchies et y répondre pour analyser des textes • réfléchir à son apprentissage de manière partielle, mais requérir beaucoup d'aide pour exprimer clairement sa compréhension d'une lecture • écrire des réponses partielles, ce qui indique une compréhension minimale du texte, en donnant des détails aléatoires et des éléments d'information non pertinents.
Note d'évaluation moyenne : A	Note d'évaluation moyenne : B	Note d'évaluation moyenne : C

Les parents sont invités à venir à l'école avec leur enfant pour réviser les preuves d'apprentissage avant que les bulletins ne soient terminés. Quand les bulletins sont envoyés à la maison, les parents sont invités à appeler Mme G s'ils veulent discuter de toute question concernant l'évaluation ou le bulletin, ou à prendre rendez-vous pour une rencontre.

Figure 10.7 Rassembler les éléments

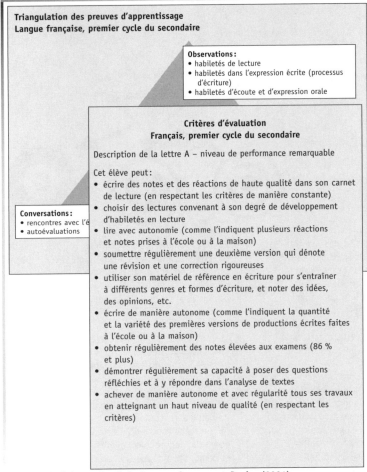

Source : Traduit et adapté de Gregory, Cameron et Davies (2001).

Les points communs

En tant qu'enseignants, vous devrez déterminer le processus d'évaluation sommative et de notation qui convient à vos élèves, à leurs parents, à vous et à votre situation particulière. Cela peut vous aider d'observer certaines façons de faire présentées dans les exemples de ce chapitre. Ces enseignants ont ceci en commun :

- Ils se sont conformés aux obligations légales en vigueur dans leur école et leur commission scolaire concernant la notation.
- Ils ont établi une stratégie d'évaluation en classe qui résume les objectifs d'apprentissage, les preuves d'apprentissage et les échantillons collectés pour illustrer la qualité.
- Ils ont communiqué une description de la réussite.
- Ils ont impliqué les élèves dans le processus d'évaluation formative.
- Ils ont collecté des échantillons illustrant le progrès au fil du temps.

- Ils ont impliqué les élèves dans la collecte et l'organisation des preuves d'apprentissage.
- Ils ont consacré du temps à examiner les preuves d'apprentissage et à parachever leur évaluation.
- Ils ont vérifié auprès des élèves pour s'assurer que leur évaluation du travail accompli leur semblait sensée.
- Ils ont demandé aux parents de passer en revue les preuves d'apprentissage et les ont invités à établir une «notation personnelle» selon leur point de vue.
- Ils ont rencontré chaque élève accompagné de son ou ses parents afin de discuter de ses points forts, des aspects qui devaient être améliorés et des objectifs.
- Ils ont fait savoir aux parents si l'apprentissage de leur enfant se situait dans la «zone de sécurité» ou si une intervention s'imposait.
- Ils ont terminé le bulletin scolaire après en avoir discuté avec les élèves et les parents.
- Ils ont gardé une copie dans le dossier permanent de l'élève.

Quand vous planifierez votre évaluation sommative et votre notation, prenez le temps de vous assurer que vous connaissez bien les règles qui encadrent ces méthodes dans votre école. Informez-vous auprès de la direction de votre école, à la commission scolaire ou au ministère. Ne laissez personne interpréter les règles à votre place.

Développez une expertise en ce qui concerne vos responsabilités, et vous pourrez trouver la meilleure façon de tirer profit de l'évaluation sommative et du procédé de notation pour soutenir l'apprentissage de l'élève.

Cela vaut vraiment la peine d'y consacrer du temps. Comme l'explique Mary Jane Drummond (1994): «Le processus d'évaluation de l'apprentissage des enfants — quand on l'examine attentivement et qu'on s'efforce de le comprendre — est le seul rempart contre l'échec des enfants, et la seule garantie de leur développement et de leur progression.»

À Saint-Louis, Missouri, un employé de la compagnie de chemin de fer a accidentellement déplacé de quelques centimètres une section de voie ferrée. Le train qui devait se rendre à Newark s'est retrouvé à la Nouvelle-Orléans, à 2 000 kilomètres de sa destination prévue. Tout changement — si mineur soit-il — dans la direction que vous suivez aujourd'hui causera une différence de centaines de kilomètres au bout de votre route.

Traduction libre de Stephen Covey

Éclairer notre propre apprentissage

Procurez-vous des copies des documents pertinents et des règlements qui se rapportent à la notation. Sachez clairement ce que vous êtes tenu de faire.

Notez toutes les définitions actuellement en usage et correspondant aux symboles de notation sommative (lettres, chiffres, etc.).

Réfléchissez à la façon d'élargir les définitions pour y inclure plus d'information sur l'apprentissage et sur les qualités qui devraient indiquer chez les élèves un apprentissage satisfaisant.

Formulez votre propre définition de la réussite pour un cours ou une matière en particulier, en vous inspirant des exemples donnés dans ce chapitre. Soumettez-la à un ou une collègue et demandez-lui son avis. Quand vous penserez que votre définition rend fidèlement compte de ce que les élèves sont censés apprendre, pouvoir faire et exprimer, faites-la circuler dans un groupe d'élèves. Mettez-la à l'essai. Modifiez-la et peaufinez-la jusqu'au moment où vous serez à l'aise de la communiquer aux autres élèves et aux parents.

Éclairer l'apprentissage des élèves

Quand vous aidez les élèves à autoréguler leur cheminement vers la réussite, faites-leur part de votre définition de la réussite pour un semestre donné. Demandez aux élèves de dresser avec vous la liste des preuves d'apprentissage possibles. Notez toutes leurs idées et ajoutez les vôtres.

Demandez périodiquement aux élèves de rassembler les preuves d'apprentissage en fonction de la définition de la réussite faite par vous et les élèves. Par la suite, quand le moment d'établir la notation approchera, demandez-leur de parachever leur ensemble de preuves d'apprentissage et de vous le présenter, accompagné d'un compte rendu personnel décrivant ce qu'ils ont bien appris et ce qu'ils doivent apprendre prochainement. Rappelez aux élèves de joindre une preuve ou une indication d'apprentissage à chacune de leurs affirmations. Quand les élèves seront prêts, demandez-leur de vous présenter l'ensemble de leurs preuves d'apprentissage ; ils peuvent le présenter à d'autres s'ils sont prêts à le faire.

Ce seul changement consistant à demander aux élèves de rendre compte de leur apprentissage à la place de l'enseignant peut faire une énorme différence dans la responsabilisation à l'égard de l'apprentissage.

Apprendre par nous-mêmes et avec les autres

*Une bonne part du processus
d'éducation consiste à pouvoir prendre
du recul par rapport à ce que l'on
sait pour être capable de réfléchir
à ses connaissances.*

Traduction libre de Jerome Bruner

Apprendre par nous-mêmes et avec les autres

En tant qu'enseignants, nous avons la tâche continue de rendre l'évaluation en classe fonctionnelle. Dans nos vies trépidantes, être en apprentissage continu peut constituer un défi. Certains enseignants préfèrent se joindre à un groupe de personnes qui apprennent ensemble. De nos jours, la plupart des éducateurs parlent de *groupes d'apprentissage* ou de *communautés d'apprentissage professionnel (CAP)*. Je préfère le terme *cercle d'apprentissage* : un endroit où les gens apprennent les uns des autres.

Quand nous apprenons ensemble, nous partageons des expériences qui nous aident à comprendre notre démarche. Cela nous aide à nous développer à notre propre rythme. L'*appartenance* à un groupe signifie parfois suivre des protocoles établis en vue d'approfondir notre apprentissage dans certains domaines. Mais le propos d'un cercle d'apprentissage est parfois plus évolutif. En tant que membres d'un groupe d'apprentissage, nous trouvons le soutien dont nous avons besoin pour accepter de prendre des risques ou nous empêcher de sauter sans parachute.

Votre cercle d'apprentissage

Vous avez probablement déjà fait l'expérience de certains cercles d'apprentissage dont certains sont bien établis et font partie de vos activités professionnelles. Vous en avez peut-être créé quelques-uns ou adopté d'autres. Certains cercles durent des mois, d'autres, des années. Nous apprenons continuellement — en discutant avec les autres de nos tentatives, en échangeant des livres qui nous aident à apprendre, ou en appelant une personne pour partager une réussite ou demander conseil. Nous savons que parfois, il nous faut apprendre par nous-mêmes et, qu'en d'autres occasions, nous avons besoin de l'apport des autres. À ces moments, les amis et les collègues peuvent nous aider à réaliser ce que nous savons déjà et ce que nous désirons approfondir.

Les enseignants en tant qu'apprenants et chercheurs

Pour être efficaces, les cercles d'apprentissage doivent fonctionner de manière à respecter les apprenants adultes. Quand les participants sont invités à s'impliquer et qu'ils choisissent ce qu'ils veulent apprendre et de quelle façon, les résultats de leur apprentissage peuvent être étonnants.

Il arrive que des enseignants ne souhaitent pas se joindre à un groupe d'étude et de recherche sur l'évaluation en classe. Ils ne sont peut-être tout simplement pas prêts à explorer ce processus à ce stade de leur cheminement. Néanmoins, ils peuvent offrir des aperçus et des suggestions intéressantes sur la façon de gérer un cercle d'apprentissage plus accessible et utile à tous les apprenants. Soyez à l'écoute de ces suggestions et tenez-en compte.

Nous devons nous rappeler que nous apprenons tous de façon différente et à un rythme qui nous est propre. Quand nous traitons nos collègues avec autant de respect que nous le faisons avec nos élèves, et quand nous offrons plusieurs types d'expériences d'apprentissage, nous contribuons à bâtir un milieu d'apprentissage sain. Demandez à vos collègues de vous faire part de leurs idées quant au type de soutien professionnel dont ils ont besoin. Tant que les adultes ne seront pas prêts à prendre les risques nécessaires pour apprendre, rien ne pourra changer. Procédez lentement. On peut atteindre une destination en empruntant diverses routes.

Les directives à considérer

Voici quelques directives qui peuvent vous aider à former un cercle d'apprentissage : débuter modestement, voir à l'organisation commune et partager les responsabilités.

Débuter modestement

Commencez en réunissant quelques personnes qui peuvent souhaiter en apprendre davantage sur le soutien à l'apprentissage des élèves que permet l'évaluation en classe. Dressez une liste de ces personnes, communiquez avec elles et fixez la date de la première réunion. Même s'il n'y a qu'un seul autre participant à part vous, cela peut constituer un bon début. Vous trouverez en peu de temps d'autres personnes intéressées à se joindre à vous. Vous pouvez commencer en échangeant vos techniques préférées d'évaluation en classe ou des expériences et des témoignages d'évaluation en classe. Demandez aux participants de décrire des incidents qui ont pu les décider à améliorer l'évaluation en classe pour leurs élèves. Écoutez ce que chacun a à dire et posez des questions. Voyez s'il se dégage des expériences communes, et s'il y a un intérêt commun pour le domaine de l'évaluation en classe.

Voir à l'organisation commune

À titre d'animateur pour cette première rencontre, expliquez votre conception du cercle d'apprentissage. Abordez brièvement les questions suivantes :

- Expliquez les raisons justifiant la création de votre groupe.
- Proposez un ou des objectifs pour votre groupe.
- Faites valoir que votre groupe peut agir comme un cercle de lecture, un laboratoire d'idées sur l'évaluation en classe, ou une combinaison des deux.
- Demandez-vous si votre groupe utilisera un livre (celui-ci ou un autre) pour alimenter ses réflexions.
- Décidez de la fréquence et du lieu des rencontres.
- Discutez de la procédure à suivre et de l'organisation du groupe.

Après avoir exprimé vos idées, demandez aux participants de faire de même. Trouvez une manière, à travers les conversations, de vous entendre sur ces questions.

Évitez de vous montrer trop ambitieux. Plus vous vous soumettez d'obligations, moins vous pourrez les honorer. Envisagez de vous rencontrer une fois par mois, au lieu de le faire toutes les deux semaines, et entendez-vous pour ne pas nécessairement vous rencontrer durant les mois où vous êtes plus occupés.

Partager les responsabilités

Chaque réunion devrait être animée par une personne désignée à l'avance. Il peut s'agir du meneur du groupe, de la personne qui vous reçoit chez elle ou d'un volontaire. L'organisateur doit s'assurer de rappeler à tous les participants le moment de la prochaine rencontre, et prévoir une solution de rechange en cas de besoin. Il vous faudra aussi un modérateur qui veillera au bon déroulement de la rencontre en s'assurant que chacun peut intervenir et qu'on respecte la procédure établie.

Cercles de discussion : Comment réussir
L'évaluation en cours d'apprentissage

Nous pouvons améliorer notre formation professionnelle par nous-mêmes, avec nos collègues du même département ou de même niveau scolaire, avec le personnel enseignant de notre école ou celui d'un regroupement d'écoles, ou encore à travers un plus vaste regroupement professionnel d'éducateurs.

Apprendre par nous-mêmes et avec nos collègues

Cet ouvrage a été conçu dans le but d'approfondir votre compréhension de l'évaluation en classe, par la lecture et l'application des idées présentées dans les activités notées « Éclairer notre propre apprentissage » que l'on retrouve à la fin de chaque chapitre.

Vous pouvez présenter *L'évaluation en cours d'apprentissage* à vos collègues en proposant l'activité suivante.

Figure 11.1 Des conseils en vue d'optimiser les cercles d'apprentissage

Conseils en vue d'optimiser les cercles d'apprentissage :

- Respectez-vous les uns les autres.
- Faites valoir qu'être un professionnel signifie adapter, et non adopter de nouvelles idées.
- Reconnaissez qu'il existe de nombreuses façons valables d'enseigner, d'évaluer et d'apprendre.
- Posez des questions réfléchies.
- Accueillez tous les points de vue.
- Limitez la fréquence et la durée des rencontres.
- Entendez-vous sur la façon d'intervenir des participants (à tour de rôle ou autrement).
- Accordez à chaque intervenant une pleine attention, sans l'interrompre.
- Acceptez de vous abstenir de donner des conseils ou de suggérer des idées à moins que l'intervenant ne l'ait demandé.
- Acceptez que les conversations qui ont lieu aux réunions ne soient pas reprises ailleurs, sauf si les personnes concernées ont donné leur accord.

Apprendre avec le personnel enseignant de notre école

Dans certaines écoles, on utilise *L'évaluation en cours d'apprentissage* comme sujet d'étude individuel, entre collègues de même département ou même niveau scolaire, et entre les différents niveaux et départements, afin de favoriser une approche globale et complète de l'évaluation en classe. Ce dialogue permet aux enseignants de profiter des expériences des élèves des autres classes, et d'établir un langage commun entre les élèves et les enseignants (de même que les parents, éventuellement). Quelques regroupements d'écoles ont aussi vu le jour, ce qui élargit le dialogue et permet à plusieurs établissements de différents niveaux d'avoir un langage commun et des expériences similaires sur lesquelles ils peuvent bâtir leur stratégie.

L'apprentissage à travers un réseau de plusieurs écoles

Les éducateurs qui exercent leur activité professionnelle à d'autres niveaux de compétence ont utilisé *L'évaluation en cours d'apprentissage* comme texte de soutien à l'apprentissage continu sur l'évaluation en classe. *L'évaluation en cours d'apprentissage* est également utilisé comme matériel pédagogique dans un nombre croissant d'universités et dans un cours en ligne (crédité ou non). Voir le site www.connect2learning. com pour plus de détails.

Souvenez-vous que les cercles d'apprentissage sont des réseaux d'amis (ou de futurs amis) qui apprennent ensemble. Ils résultent d'un intérêt commun et d'une volonté de partager ses expériences. Ils se forment ou cessent d'opérer, durant tant et aussi longtemps qu'ils fonctionnent bien et que les gens se posent des questions et y répondent.

Figure 11.2 L'objectif d'apprentissage

L'objectif d'apprentissage :

L'intention de cette séance est d'attirer l'attention des participants sur les éléments d'une évaluation en classe et de leur donner une vue d'ensemble de ce processus. La séance vise également à aider les participants à formuler des questions pour guider leur lecture du texte et leurs échanges.

Le matériel requis :

Un exemplaire de *L'évaluation en cours d'apprentissage* par participant. Du papier ligné pour noter et échanger des questions.

Pour commencer :

1. Expliquez que l'objectif de l'évaluation en classe est de soutenir l'apprentissage de l'élève et de l'aider à communiquer aux autres les preuves de cet apprentissage.
2. Reconnaissez que nous avons tous nos façons de travailler et utilisons différentes stratégies pour évaluer l'apprentissage des élèves. L'information que nous recueillons sert à répondre aux différents besoins des élèves dans leur apprentissage.
3. Notez qu'une de nos responsabilités comme enseignant est de nous informer à propos de l'évaluation et de choisir minutieusement un ensemble d'idées et de stratégies qui conviennent à nos élèves et à notre milieu scolaire.
4. Ensuite, attribuez à chaque participant un numéro de 1 à 12 et demandez-leur de lire un chapitre de *L'évaluation en cours d'apprentissage*, de sorte que chaque chapitre sera lu par au moins une personne.
5. En lisant, les participants doivent noter deux ou trois idées qui résument le contenu du chapitre, et formuler une question à ce propos. Si les participants terminent plus vite, encouragez-les à feuilleter les autres chapitres.
6. Regroupez les participants en «groupes d'experts» (les lecteurs du chapitre 1 ensemble, ceux du chapitre 2 ensemble, etc.) afin qu'ils discutent de leurs découvertes et de leurs questions.
7. Revenez au groupe initial et demandez à l'ensemble des participants de discuter de l'évaluation en classe selon une perspective générale. Demandez à une personne de noter les questions soulevées.

Bilan de l'apprentissage :

Demandez à l'ensemble des participants de noter les questions qui ont été soulevées. Ces questions devraient être examinées lors de la prochaine séance d'apprentissage.

Passer à l'action :

Choisissez une ou plusieurs de ces suggestions :
• Encouragez les participants à lire le reste du livre et à formuler d'autres questions.
• Invitez les participants à poursuivre individuellement la lecture de *L'évaluation en cours d'apprentissage* à la fin de chaque chapitre.
• Décidez des prochaines étapes dans votre exploration de l'évaluation en classe.

Prolonger l'apprentissage :

Si les participants sont intéressés par des moyens précis d'impliquer les élèves dans l'évaluation, vous pouvez prolonger l'apprentissage en lisant un ou plusieurs des 18 documents sur l'apprentissage du *Facilitator's Guide to Classroom Assessment* (un document multimédia).

Apprendre avec les collègues de notre département ou de même niveau scolaire :

Créer un cercle d'apprentissage avec les collègues de votre département ou de même niveau scolaire pour échanger sur votre travail en regard de l'évaluation en classe vous permettra de profiter de l'expertise de vos collègues et d'expérimenter vos idées avec eux.

Voici un exemple de protocole suggéré par des éducateurs du Maine (basé sur le modèle d'activité présenté à la page 99) :

Casse-tête d'idées

L'intention du protocole
Réaliser une étude fructueuse du livre *L'évaluation en cours d'apprentissage* d'Anne Davies lors d'une journée de développement professionnel.

L'entrée en matière
Le modérateur communique l'intention de la rencontre. Il y aura présentation du livre *L'évaluation en cours d'apprentissage* sur lequel porteront les activités de la rencontre. Dans cette activité, les participants seront répartis en différents groupes. Chaque groupe devra lire deux chapitres et les membres agiront en tant qu'experts pour ces deux chapitres.

(2 minutes)
Introduction. Le modérateur fait les présentations et rappelle les termes du protocole. Il y a 12 chapitres dans le livre. Chaque participant se joint à un groupe. Chaque groupe lit deux chapitres. Ces groupes sont nommés :

Groupe A (lit les chapitres 1 et 2)   Groupe D (lit les chapitres 7 et 8)
Groupe B (lit les chapitres 3 et 4)   Groupe E (lit les chapitres 9 et 10)
Groupe C (lit les chapitres 5 et 6)   Groupe F (lit les chapitres 11 et 12 et la préface)

Les membres de chaque groupe agiront en tant qu'experts pour ces chapitres.

(35 minutes)
Lecture et appropriation. Les membres de chaque groupe d'experts lisent d'abord leurs chapitres de façon autonome. Ils collaborent ensuite pour approfondir et comprendre les sujets, et pour en présenter les éléments clés, en s'assurant que chacun en saisit la signification. Cette discussion fournit en même temps aux experts une occasion de se préparer à partager leurs connaissances avec les membres d'un autre groupe.

(20 minutes)
Présentation. Chaque membre du groupe d'experts se joint à un groupe coopératif, formé d'un expert de chaque chapitre. En suivant l'ordre des chapitres, chaque personne apporte sa contribution à propos des idées présentées. Après chaque présentation, des questions peuvent être posées pour clarifier certains points. Le groupe doit se soucier de la durée des interventions afin que chacun puisse présenter ses idées.

(10 minutes)
Réflexions écrites à la fin de la rencontre. Le modérateur fait un bilan oral de ce qui a été appris au cours de cette discussion. Les participants sont ensuite invités à écrire une *réflexion personnelle* à la fin du bilan.
1. Quel élément clé avez-vous appris aujourd'hui ?
2. Qu'avez-vous pensé de la méthode utilisée aujourd'hui ?

Ils ont d'abord dit que cela ne se ferait jamais, mais certains l'ont fait. Alors, ils ont dit que cela ne se ferait que rarement, et dans des conditions spéciales, mais de plus en plus de gens l'ont fait. Alors, ils ont dit : «Pourquoi le feriez-vous autrement ?»

Traduction libre de Anonyme

Réflexions finales

Tout le monde fait de son mieux
à tout moment dans la vie.
Personne ne commet volontairement
d'erreur. Toutefois, quand l'état
de nos connaissances s'améliore,
nos agissements doivent également
s'améliorer.

Anonyme

Réflexions finales

Alors que nous sommes déjà entrés dans le nouveau millénaire, nous sommes inondés par les problèmes qui découlent des solutions d'hier. Il y a une centaine d'années, les écoles servaient entre autres à classer et à trier les enfants pour les préparer à leurs rôles dans la société industrielle. L'évaluation a pris une grande place dans cette opération. Maintenant, même si le problème a changé, le milieu de l'éducation continue à employer plusieurs de ces mêmes vieux systèmes.

De nos jours, nous nous efforçons de faire en sorte que chaque jeune quitte sa famille, sa communauté et son école en étant bien préparé pour être un apprenant permanent et autonome — une personne qui devra vraisemblablement exercer plus d'une profession au cours de sa vie. En utilisant des stratégies qui appartiennent au passé — plus d'examens, plus d'échecs et de retenues, des normes plus sévères, des récompenses et des punitions plus importantes, et un contrôle plus serré des élèves et de leur apprentissage — nous causons du tort au lieu d'aider.

Avoir une évaluation qui fonctionne en classe signifie délaisser l'approche de classement et de tri des élèves pour favoriser celle de l'évaluation de leur apprentissage dans le contexte de leur vie future. Cela signifie parler de l'apprentissage et de l'évaluation aux élèves, aux parents et à la communauté, et les écouter nous en parler. Cela signifie impliquer les élèves et les parents, leur offrir des choix, et partager le contrôle. En ce qui a trait à l'évaluation en classe, les solutions ne se trouvent que dans les conversations éclairées et réfléchies, alors que nous travaillons ensemble pour le bien des élèves et de leur apprentissage.

En explorant et en découvrant de nouvelles idées, nous devons être prudents dans notre enthousiasme de partager ce que nous apprenons. Quand nous trouvons une approche qui fonctionne pour nous, nous devons nous retenir de la voir comme une réponse universelle qui devrait convenir à tous. Chaque individu trouvera sa propre expression, de la même façon qu'une chanson peut être chantée de belle façon, mais différemment, par plusieurs chanteurs. Les enseignants, les élèves et les parents doivent faire preuve de flexibilité, pour répondre aux besoins individuels, et offrir une diversité de choix afin de soutenir l'apprentissage de chaque élève.

Le voyage de l'apprentissage vous mènera à bon port si les exigences de base sont satisfaites. Tout ce dont vous avez besoin, c'est d'une destination précise, de cartes qui indiquent les routes possibles, de nourriture, d'un abri et de compagnie tout au long du voyage. Je vous souhaite le meilleur dans votre voyage avec vos collègues et vos élèves afin que l'évaluation se fasse bel et bien au cours de l'apprentissage, pour un plus grand nombre d'apprenants.

> *Il y a de nombreuses occasions*
> *de moins évaluer. Il nous faut*
> *commencer à le faire avec plus*
> *de précision, de justesse et d'espoir*
> *que nous le faisons habituellement.*
>
> Traduction libre de Peter Elbow

Bibliographie

ASSESSMENT REFORM GROUP. 2005. ARG-ASF Project, Working Papers 1-4. Assessment systems for the future : the place of assessment by teachers. http://k1.ioe.ac.uk/tlrp/arg/ASF.html.

BARLOW, M. et H. ROBERTSON. 1994. *Class Warfare*. Toronto, ON : KeyPorter Books.

BIBBY, R.W. et D.C. POSTERSKI. 1992. *Teen Trends : A Nation in Motion*. Toronto, ON : Stoddart Press.

BIDDLE, B. et D. BERLINER. 1998. *The Manufactured Crisis*. Don Mills, ON : Addison-Wesley Publishing Company, Inc.

BLACK, P. et D. WILIAM. 1998. Inside the black box : Raising standards through classroom assessment. *Phi Delta Kappan* 80, n° 2 : 1-20.

BLACK, P. et D. WILIAM. 1998. Assessment and classroom learning. *Assessment in Education* 5, n° 1 : 7-75.

BRITISH COLUMBIA MINISTRY OF EDUCATION. 1990. *Primary Program Foundation Document*. Victoria, BC : Queens' Printer.

BRITISH COLUMBIA MINISTRY OF EDUCATION. 2000. *Primary Program : A Framework for Teaching*. Victoria, BC : Queens' Printer.

BROOKHART, S. 2001. Successful Students' Formative and Summative Uses of Assessment Information. *Assessment in Education* 8, n° 21 : 153-169.

BROWN, J. et E. LANGER. 1990. Mindfulness and intelligence : A comparison. *Educational Psychologist* 25, n°s 3-4 : 305-335.

BRUNER, J. 1986. *Actual minds, possible worlds*. Cambridge, MA : Harvard University Press.

BUTLER, R. 1987. Task-involving and ego-involving properties of evaluation : Effects of different feedback conditions on motivational perceptions, interest and performance. *Journal of Educational Psychology* 79, n° 4 : 474-482.

BUTLER, R. 1988. Enhancing and undermining intrinsic motivation : The effects of task-involving and ego-involving evaluation on interest and performance. *British Journal of Educational Psychology*. 58 : 1-14.

BUTLER, R. et M. NISAN. 1986. Effects of no feedback, task-related comments and grades intrinsic motivation and performance. *Journal of Educational Psychology* 78, n° 3 : 210-216.

CENTRE FOR EDUCATIONAL RESEARCH AND INNOVATION. 2005. *Formative assessment – Improving learning in Secondary Classrooms*. London, UK : OECD Publishing.

CROOKS, T. 1988. The impact of classroom evaluation on students. *Review of Educational Research* 58, n° 4 : 438-481.

CSIKSZENTMIHALYI, M. 1993. *The evolving self : A psychology for the third millennium*. New York : Harper Collins.

DAVIES, A. 2000. *Making Classroom Assessment Work*. Courtenay, BC : Connections Publishing.

DAVIES, A. 2005. *Facilitator's Guide to Classroom Assessment K-12* (Ressource multimédia). Courtenay, BC : Connections Publishing.

DAVIES, A., C. Cameron, C. Politano et K. Gregory. 1992. *Together Is Better : Collaborative Assessment, Evaluation, and Reporting*. Winnipeg, MB : Peguis Publishers.

DECI, E. et R.M. RYAN. 2002. *Handbook of Self-Determination Research*. New York : University of Rochester Press.

DEWEY, J. 1933. *How We Think : A Restatement of the Relation of Reflective Thinking To the Educative Process*. Lexington, MA : Heath.

DIXON, N., A. Davies et C. Polita. 1996. *Learning with Readers Theatre*. Winnipeg, MB : Peguis Publishers.

DRUMMOND, M.J. 1994. *Learning to See : Assessment Through Observation*. Markham, ON : Pembroke Publishers.

DWECK, C.S. 1990. *Self-theories : Their role in motivation, personality and development*. Philadelphia, PA : The Psychology Press.

ELBOW, P. 1986. *Embracing Contraries : Explorations in Learning and Teaching*. New York : Oxford University Press.

FULLAN, M. 2001. *Leading in a culture of change*. San Francisco, CA : Jossey-Bass Inc.

GARDNER, H. 1999. *Les formes de l'intelligence*. Paris : Odile Jacob.

GEARHARDT, M. et S. WOLF. 1995. *Teachers' and Students' Roles in Large-Scale Portfolio Assessment : Providing Evidence of Competency with the Purpose and Processes of Writing*. Los Angeles, CA : UCLA/The National Center for Research on Evaluation, Standards, and Student Testing (CRESST), p. 69.

GIBBS, C. et G. STOBART. 1993. *Assessment: A Teacher's Guide to the Issues.* 2ᵉ édition. Oxford, UK: Hodder and Stoughton.

GLAUDE, C. 2005. *Protocols for Professional Learning Conversations.* Courtenay, BC: Connections Publishing.

GOLEMAN, D. 1995. *Emotional Intelligence.* New York: Bantam Books.

GREGORY, K., C. CAMERON et A. DAVIES. 1997. *Knowing What Counts: Setting and Using Criteria.* Merville, BC: Connections Publishing.

GREGORY, K., C. CAMERON et A. DAVIES. 2000. *Knowing What Counts: Self-Assessment and Goal-Setting.* Merville, BC: Connections Publishing.

GREGORY, K., C. CAMERON et A. DAVIES. 2001. *Knowing What Counts: Conferencing and Reporting.* Merville, BC: Connections Publishing.

HARLEN, W. 2006. *The role of teachers in the assessment of learning.* Brochure produite par l'Assessment Systems for the Future project (ASF) Assessment Reform Group, UK. http://k1.ioe.ac.uk/tlrp/arg/images/Pamphlet%20-%20role%20of%20teachers.pdf .

HARLEN, W. et R. DEAKIN-CRICK. 2002. *Testing, Motivation and Learning.* Livret produit par l'Assessment Reform Group at University of Cambridge Faculty of Education. http://k1.ioe.ac.uk/tlrp.arg/TML%BOOKLET%20complete.pdf.

HARLEN, W. et R. DEAKIN-CRICK. 2003. Testing and motivation for Learning. *Assessment in Education* 10, nᵒ 2:169-208.

HATTIE, J. 1992. Measuring the Effects of Schooling. *Australian Journal of Education* 36, nᵒ 1: 5-13.

HATTIE, J. et H. TIMPERLEY. 2005. *The Power of Feedback.* University of Auckland, New Zealand. Manuscrit inédit.

HENDERSON, A.T. et N. BERLA (Dir.) 1994. *A new generation of evidence: The family is critical to student achievement.* Washington, DC: National Committee for Citizens in Education.

HILLOCKS, G. 1986. *Research on Written Composition.* Champaign, IL: NCTE.

HURFORD, S. 1998. «I can see clearly now – student learning profiles». *Primary Leadership* 1, nᵒ 2: 22-29.

JENSEN, E. 2001. *Le cerveau et l'apprentissage.* Montréal: Chenelière McGraw-Hill.

JOSLIN, G. 2002. *Investigating the influence of rubric assessment practices on the student's desire to learn.* Manuscrit inédit. San Diego State University.

JOVANOVIC, L. 1979. J.H. Sissons Staff Meeting, août, Yellowknife, NWT.

KOHN, A. 1999. *The Schools our Children Deserve.* Boston, MA: Houghton Mifflin.

LANGER, E.J. 1997. *The Power of Mindful Learning.* Reading, MA: Addison-Wesley Publishing Company Inc.

LE DOUX, J. 1996. *The Emotional Brain.* New York: Simon and Schuster.

LEPPER, M.R. et D. GREENE. 1974. Turning play into work: Effects of adult surveillance and extrinsic rewards on children's intrinsic motivation. *Journal of Personality and Social Psychology* 45, nᵒ 4 (Décembre): 1141-1145.

LEPPER, M.R. et D. GREENE (Dir.). 1978. *The Hidden Costs of Rewards: New Perspectives On The Psychology Of Human Motivation.* Hillsdale, NJ: Lawrence Erlbaum.

LEVINE, Mel. 1993. *All Kinds of Minds.* Cambridge, MA: Educators Publishing Service.

LINCOLN, Y. et E. GUBA. 1984. *Naturalistic Inquiry.* Beverly Hills, CA: Sage Publications.

MEISELS, S., S. ATKINS-BURNETT, Y. XUE, D. D. BICKEL et S.-H. SON. 2003. Creating a system of accountability: The impact of instructional assessment on elementary children's achievement scores. *Educational Policy Analysis Archives*, 11, nᵒ 9. 19 pages. Site consulté le 19 septembre 2004. http://epaa.asu.edu/epaa/v11n9/.

NYE, K. 1999. Open House: Let the kids do it. *Primary Leadership* 2, nᵒ 1: 26-27.

PERT, C. 1999. *Molecules of emotion: the science behind mind-body medicine.* New York: Scribner.

PINKER, S. 1997. *How the Mind Works.* New York: HarperCollins Publisher.

POLITANO, C. et A. DAVIES. 1999. *La multiclasse: Outils, stratégies et pratique.* Montréal: Chenelière McGraw-Hill.

PROSCHASKA, J.O., C. DICLEMENTE et J. NORCROSS. 1994. *Changing for Good.* New York: HarperCollins Publishers.

PREECE, A. 1995. Involving students in self-evaluation. Dans *Assessment in the Learning Organization*, par A. Costa et B. Kallick (Dir.) Alexandria, VA: ASCD.

RESTAK, R. 2003. *The New Brain: How the modern age is rewiring your mind.* New York: St Martin's Press.

RODRIGUEZ, M.C. 2004. The role of classroom assessment in student performance on TIMSS. *Applied Measurement in Education* 17, n° 1 : 1-24.

SADLER, D.R. 1989. Formative assessment and the design of instructional systems. *Instructional Science* 16, n° 2 : 119-144.

SCHMOKER, M. 1996. *Results : The Key to Continuous Improvement*. Alexandria, VA : ASCD.

SCHON, D.A. 1983. *The Reflective Practitioner*. New York : Basic Books.

SHEPARD, L. 2000. The Role of Assessment in a Learning Culture. *Educational Researcher* 29, n° 7 : 4-14.

SHEPARD, L.A. et M.L. SMITH. 1986. *Flunking Grades : Research and Policies on Retention*. New York : The Falmer Press.

SHEPARD, L.A. et M.L. SMITH. 1987. What doesn't work : Explaining policies of retention in the early grades. *Phi Delta Kappan* 69 (Octobre) : 129-134.

SMITH, A. et A. DAVIES. 1996. *Wordsmithing : A Spelling Program for Grades 3-8*. Winnipeg, MB : Peguis Publishers.

SMITH, F. 1986. *Insult to Intelligence : The Bureaucratic Invasion of Our Classrooms*. Portsmouth, NH : Heinemann.

STERNBERG, R. 1996. *Successful Intelligence : How Practical and Creative Intelligence Determines Success in Life*. New York : Simon and Schuster.

STIGGINS, R. 2004. *Student-Involved Assessment for Learning*. 4e éd. Upper Saddle River, NJ : Pearson Prentice Hall.

STIGGINS, R. 2007. *Assessment through the Student's Eyes*. Educational Leadership 64, n° 8 (Mai) : 22-26.

THOME, C.C. 2001. *The Effects of Classroom-Based Assessment Using an Analytical Writing Rubric on High School Students' Writing Achievement*. Cardinal Stritch University. Unpublished Dissertation.

TORNROSE, Holly. 2004. Personal Communication. Yarmouth, Maine.

TYLER, R. 1949. *Basic Principles of Curriculum and Instruction*. Chicago, IL : University of Chicago Press.

VYGOTSKY, L.S. 1978. *Mind in society : the development of higher psychological processes*. Cambridge, MA : Harvard University Press.

WALTERS, J., S. SEIDEL et H. GARDNER. 1994. Children as Reflective Practitioners. Dans *Creating Powerful Thinking in Teachers and Students*, par K.C. Block et J.N. Magnieri (Dir.) New York : Harcourt Brace.

WERNER, E. et R. SMITH. 1992. *Overcoming the Odds : High Risk Children from Birth to Adulthood*. Ithaca, NY : Cornell University Press.

WIGGINS, G. 1993. *Assessing Student Performance : Exploring the Purpose and Limits of Testing*. San Francisco, CA : Jossey-Bass Publishers.

WOLF, D. 1987. Opening up assessment. Educational Leadership 45, n° 4, 24-29. Décembre/Janvier 1987/88.

WOLF, D. 1989. Portfolio assessment : Sampling student work. *Educational Leadership* 46, n° 7 (Avril) : 35-39.

YOUNG, E. 2000. *Enhancing student writing by teaching self-assessment strategies that incorporate the criteria of good writers*. Submitted in partial fulfillment of requirements for the degree of Doctor of Education to the Department of Educational Psychology, State University of New Jersey, Graduate School of Education, Rutgers.

ZESSOULES, R. et GARDNER, H. 1991. *Authentic assessment : Beyond the Buzzword and Into the Classroom*. Dans V. Perrone (Dir.), Expanding Student Assessment (p. 47-71). Alexandria, VA : ASCD.

Chenelière/Didactique

**CHENELIÈRE
ÉDUCATION**

7001, boul. Saint-Laurent, Montréal (Québec) Canada H2S 3E3
Tél.: 514 273-1066 • Téléc.: 514 276-0324 ou 1 800 814-0324 • Service à la clientèle: 514 273-8055 ou 1 800 565-5531
www.cheneliere.ca • info@cheneliere.ca